「保守思想」大全

名著に学ぶ本質

適菜収
TEKINA
OSAMU

祥伝社

はじめに「言い古されたこと」を繰り返す

本書の目的は過去の保守思想の仕事を独自の新しい視点で捉《とら》え直すことではありません。代表的な保守思想家の言葉を引用し、言い古された説明を繰り返すことです。

私は「言い古されたこと」を繰り返すことが大事だと思っています。言い古されたことは、大事なことだから言い古されているのですから。

私が普段やっている仕事も同じです。それは「新しいもの」をなるべく書かないように注意しながら、古今東西の賢者の知恵を右から左へ書き写す作業です。

詩人、小説家、自然科学者、化学者、政治家、法律家のヨハン・ヴォルフガング・フォン・ゲーテはこう言いました。

　それから、真理というものはたえず反復して取り上げられねばならないのだ。誤《ご》謬《びゅう》が、私たちのまわりで、たえず語られているからだ。（エッカーマン『ゲーテとの対話』）

誤謬は私たちのまわりで、たえず語られています。

現在、近代の負の側面が大衆社会という形で暴走しているように見えますが、「保守」という言葉の定義も完全に混乱しています。今では、新自由主義者、右翼、単なる反共、権力に阿《おもね》る乞食言論人、情弱のネトウヨ、卑劣なヘイトスピーカー、デマゴーグ、反日カルト、陰謀論者といった保守の対極にある連中が、白昼堂々と「保守」を自称しています。

結果、わが国では「保守＝バカ」という等式が成り立つようになりました。

しかし、これから本書で述べる通り、保守とは、近代理念の暴走を警戒する知的で誠実な態度のことです。

近代の正確な理解がないところに保守は成り立ちません。

また、近代を成立させる原理であるナショナリズムですら、わが国ではほとんど理解されていない。

こうした状況は極めて危ないと思っていたところ、「月刊日本」編集部から、引用をメインにした保守思想の解説をしてほしいというオファーがありました。本書はその成果です。

本書は引用だらけです。

引用がメインで、私の説明はサブです。なるべく余計な言葉はつけ加えないようにしました。

「近代」「大衆」「全体主義」「ナショナリズム」「歴史」といった章見出しはあくまで便宜上の分類です。すべて保守思想と密接に関係しています。

自由主義者であるエドマンド・バークが、あえて「保守主義」を唱えたのは、フランス革命という狂気に直面したからです。裏金問題などもあり、清和会《せいわ》の権勢が落ちたとはいえ、わが国が正常化したとは到底思えないような状況です。われわれもまた正気を維持するために保守思想を振り返らなければならない時代に直面しています。

適菜 収

第二章 近代に対する警戒

第三章

熱狂する大衆

第四章

全体主義との戦い

第五章 誤解されたナショナリズム

第六章 歴史と古典

ブックデザイン　大倉真一郎
DTP　アルファヴィル・デザイン
編集協力　中村友哉（「月刊日本」株式会社K&Kプレス）

※本書は「月刊日本」二〇二一年三月号～二〇二二年九月号、二〇二三年一一月号～二〇二四年六月号に掲載された連載「保守のための必読書」に加筆・訂正を加えて書籍化したもの。

※原書からの引用文は、3文字下げて掲載している。
※引用文中のふりがなに関しては、編集部で加除している。
※引用者の註は、原文引用内の（　）に、註として記した。
※引用文献は巻末に記した。

第一章

保守主義とは何か

「保守的であるということ」

『政治における合理主義』所収

保守思想の核心

保守主義は思想体系、イデオロギーではありません。逆に、そういうものと距離を置く姿勢、態度のことです。右翼とも復古主義とも関係ありません。ましてや反米、親米、嫌中、嫌韓、改憲派、軍国主義、国家主義といったものは、保守の定義とは何の関係もありません。

保守が伝統を重視するのは過去を美化するためではありません。合理や理性では捉え切れないものが、そこに付随すると考えるからです。人間の行動には情念や慣習が大きく関与しています。人間はゼロから生まれるわけではなくて、環境の中に生まれます。理性的に考えれば、理性により決着できないことの

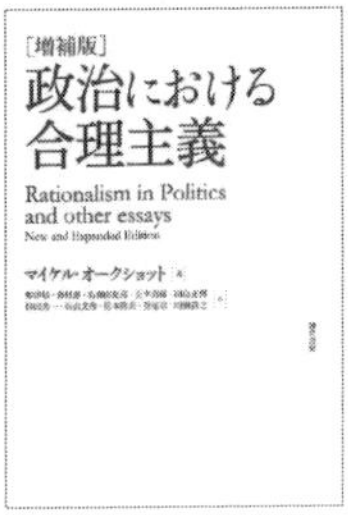

マイケル・オークショット
（一九〇一～一九九〇年）

イギリスの政治哲学者。ロンドン・スクール・オブ・エコノミクスの政治学教授。「実践知」の意義を強調し、合理主義による急激な改革を批判。著書に『リヴァイアサン序説』など。

ほうが多いことに気づきます。合理的に考えれば、合理が通用しない領域があることがわかります。そこで反合理になるのではなく、合理に一定の効用を認めておく。それを判断するのは常識です。そこには偏見や迷信も含まれるかもしれません。しかし、それを理性や合理によって切り捨ててしまうと、同時に大切なものを失ってしまうと保守は感知します。保守は理想を提示しません。逆に理想が凶器になることを繰り返し説きます。

近代を特徴づける合理主義や理性主義によって、人間世界に附属する大事なものが失われてきたことを暴き立てるのが本来の保守思想です。

保守は近代の理想に内在する野蛮を批判しますが、だからと言って単純な反近代ではありません。近代の構造的不可逆性を理解した上で、近代の内部において思考停止を戒《いまし》めるのが基本的な保守の立場です。

では保守思想の核心部分は何でしょうか?

一文字で言えば「愛」です。これを理解していないと、保守思想の「ホ」の字もわからないということになります。イギリスの政治哲学者で、保守主義の代表的な理論家であるマイケル・オークショットが言っていることも同じです。

なお、オークショットは「保守」を信条や教義、原理ではなく、思考や行動に関する性向、傾向と考えました。よって、「保守思想は正しい」と主張するのではなく、多様な人間の活動の中で、保守的であることが向いている仕事があるという説明の仕方になります。それは政治です。

大切にされているのは現在なのであり、そしてそれが大切にされる理由は、遠い古代とのつながりがあるということでも、他の可能な選択肢よりも賞賛に値すると認められているということでもなく、それに親しんでいるということにあるのである。

さて、保守的であるとは、見知らぬものよりも慣れ親しんだものを好むこと、試みられたことのないものよりも試みられたものを、神秘よりも事実を、可能なものよりも現実のものを、無制限なものよりも限度のあるものを、遠いものよりも近くのものを、あり余るものよりも足りるだけのものを、完璧なものよりも重宝なものを、理想郷における至福よりも現在の笑いを、好むことである。

こうした保守性は変化に対する態度、姿勢としてあらわれます。

オークショットは指摘します。《変化の影響が及ばない人》は《何事にも気を留めることのない者》《自己の有するものについて無知で、自己の環境に対して何の感情も抱かない者》

であり、変化を無差別に歓迎するのは《大切に思う物事が何もなく、愛着がすぐに消えてしまう者》《愛情や愛着に無縁な者》だけであると。

変革による利益と損失は《後者が確実に生ずるものであるのに対し、前者はその可能性があるにすぎない》。したがって、提案されている変化が有益であることを示す挙証責任は、変革を唱えようとする者の側にあります。

保守的な人間は、《変化の速度は急速なものよりも緩《ゆる》やかなものの方が良い》と考えます。そして、《立ち止まって観察し、適切に順応していく》。さらに彼は《変革の行われる時機が重要だと考える》。それは《計画されている変化が意図された範囲に限って実現される可能性が最も高く、望んでいない制御不可能な帰結によってそれが汚染される可能性が最も低い》時機です。

保守的性向は懐古趣味、臆病、反動と軽んぜられることもありますが、こうした傾向を持つ人は《現在の楽しみ》を重視します。

たとえば釣りという行為は、獲物という利益を求めるためだけではなく、それ自体が目的になることもあります。釣り人は夕方手ぶらで家に帰っていくときでも不満足ではないこともあります。大事なのは腕前を発揮するという楽しみであり、友人との交流と同じように損得勘定や功利主義的なものではありません。釣り道具に対する《愛着》に、オークショットは保守との適合を見出します。

これは政治においても同じです。保守は危機においても抜本的改革を選ばずに、すでに所有している慣れ親しんだ道具（制度）を利用します。それは、古いものに固執するからではなく、拙速《せっそく》な改革が不測の事態を引き起こすことを知っているからです。外科医は手術中に手を止めて器具をつくり直したりはしません。職人は急ぎの仕事のときほど、慣れた道具を選んで使います。

統治者の仕事とは

安倍晋三《あべしんぞう》は著書『新しい国へ』（文春新書）で、《わたしが政治家を志したのは、ほかでもない、わたしがこうありたいと願う国をつくるためにこの道を選んだのだ》と述べています。

オークショットが否定したのはこうした発想です。

オークショットは、端的に、政治とは己の夢をかなえる手段ではないと言います。

保守思想の理解によれば、《統治者の職務とは、単に、規則を維持するだけのことなのである》。世の中には多種多様な人間がいます。夢も価値観も理想も異なります。誠実に言葉を尽くしても伝わらないことはあります。それができると思うのは傲慢《ごうまん》であるか、知恵が足りないかのどちらかです。その前提の上で、ゲームの運行を管理し、プレイヤーにルールを守らせ、トラブルの調停にあたるのが為政者の役割です。

「私がこうありたいと願う」ものを国民に押しつけるのが人治国家だとしたら、たとえ「正しいこと」でも早急に物事を進めないのが保守です。なぜなら、それを「正しい」と認めない人がいることを知っているし、そもそも自分の理性さえ「確信」していないからです。

オークショットは統治は《特殊で限定的》な活動であると言います。これは政治の役割を矮小化《わいしょうか》しているのではありません。逆です。政治は合理主義的に正解を導き出せるようなものではなく、それは複雑な社会に対する実践的な活動としてあらわれるからです。

それは《目的追求をくじく利益衝突という結果に至る可能性が、当該の環境において最も低いような行動様式を支えるために、法的な制約を提供することであり、また、他人がこれに反した振舞い方をしたので被害を受けたという人のために、補償やら埋め合わせの手段やらを提供すること、規則におかまいなく自分自身の利益を追求する者に対して、時には罰を加えること、そして勿論《もちろん》、この種の仲裁者としての権威を充分に維持できるだけの力を、提供することである》。

この性向の人（保守・適菜註）の理解によれば、統治者の仕事とは、情念に火をつけ、そしてそれが糧《かて》とすべき物を新たに与えてやるということではなく、既にあまりにも情熱的になっている人々が行う諸活動の中に、節度を保つという要素を投入することなのであり、抑制し、収縮させ、静めること、そして折り合わせることである。それは、欲求の火を焚くことではなく、その火を消すことである。

火事が発生したら水をかけて火を消そうとする。こうした常識に基づくのが保守です。規則を修正する際には、《それに服する者達の諸々の活動や信条における変化を常に反映したものでなければならず、決してそうした変化を押し付けることがあってはならない》。またそれは全体の調和を破壊するほど大がかりなものであってはならない。

急進的な改革勢力、幼い合理主義者たちが偏向メディアにより「保守」として持ち上げられた結果、日本は見事に三流国に転落しました。

「フランス革命についての省察」

『フランス革命についての省察ほかⅠ』所収

保守主義の父

バークは「保守主義の父」と呼ばれます。自由主義者であるバークの時代には「保守主義」という言葉はありませんでした。また、バークが保守主義者を名乗ったり提唱したりしたわけでもありません。「保守主義」という言葉が知られるようになったのは一九世紀前半にフランソワ＝ルネ・ド・シャトーブリアンとルイ・ガブリエル・ド・ボナールが週刊誌の名前に用いて以降の話です。

保守とは常識を守ることであり、主義、イデオロギーではありません。それは逆に主義、イデオロギーを警戒する態度のことです。

エドマンド・バーク
（一七二九～一七九七年）
アイルランド王国生まれのイギリスの政治家、著述家。ジョージ三世の親政やインド植民地統治の腐敗を批判。著書に『崇高と美の起源』『現代の不満の原因』など。

また、保守とはわざわざ名乗るような性質のものではありません。これは「私は常識人です」と言っているのと同じであり、そういう人間を一般に非常識と呼びます。にもかかわらず、バークが改めて常識を擁護したのは、非常識が常識に取って代わる時代がやってきたことを見抜いたからです。

バークはアメリカ革命を肯定し、フランス革命を否定しました。これはバークの思想が揺れ動いたからではありません。バークが重視したのは、イギリスの伝統に裏打ちされた自由でした。バークは、アメリカを支配しようとするイギリスの振る舞いがイギリスの伝統精神に反していたから、アメリカ革命を支持したのです。フランス革命を否定した理由も同じです。それが歴史から切断された抽象による国家の破壊だったからです。

近代とは伝統的な社会秩序を解体し、抽象により人間を個に分断し、新しい社会の成員として再構成する運動および原理のことです。フランス革命発生当時、多くのイギリス人は対岸の火事と軽視していましたが、バークはその世界史的意味にいち早く気づいたのです。

バークは言います。

粗野な農夫でさえも、その羊や馬や牡牛をいかによりわけ、いかに用いるべきかをよく知っていて、それらすべてに、それぞれの種類に適当な食糧と世話をあたえることなしに、すべてを動物として抽象化し平等化してしまわないだけのじゅうぶんな常識を持っているのにたいして、立法者は、同胞たちの家計者・管理人・牧人であるかれ自身が、とりとめのない形而上学者に上昇転化し、かれの畜群については、それが人間一般であるということのほかは何も知ろうとしないことを、恥としたであろう。

ちなみに、バークが名誉革命を肯定した理由も同じです。名誉革命はジェームズ二世による国家破壊を修復するために行なわれましたが、フランス革命は破壊そのものが目的でした。バークが擁護したのは歴史に裏打ちされた自由と権利です。それはイギリスが時間をかけて戦い取ってきた世襲相続財産であり、普遍性に結びつけられた《偽りの権利》ではないと。

バークは本質的な自由主義者だったから自由の制限を説いたのです。一方、フランス革命においては自由と人権の名のもとに自由の抑圧と人権の破壊が行なわれました。

「先入見」を重視

バークは言います。

革新の精神は、一般に、利己的な気質と限定された視野との結果である。祖先をかえりみない人びとは、子孫に期待しないであろう。さらにイギリスの人民は、世襲という思想が、改良の原理をまったく除外することなしに、保守の確実な原理と伝達の確実な原理とを提供することを、よく知っている。

急進的な人々は「前近代的」と見なしたものすべてを破壊しました。しかし、その中には簡単には言語化・概念化できない人間にとって大切なものが含まれている可能性がありま す。バークはフランス革命が過去の遺物と見なした古くからの諸制度、言い伝え、慣習を守ろうとしました。それは迷信に固執しようとしたのではなく、「すべてを合理的に捉えることができる」という近代の迷信に抵抗するためです。そこで登場するのが有名な「先入見」というバークの言葉です。

生活についてのふるい意見と規則とが除去されるとき、その損失は、とうていはかりしれない。その瞬間からわれわれは、自分たちを統治するための羅針盤をもたないことになり、自分たちが、どこの港にむかっているかをはっきり知ることができない。

あなたがおわかりになるように、私は大胆にも、この啓蒙《けいもう》の時代においてつぎのことを告白する。すなわち、われわれが一般に、教育されたのではない感情の持ち主であること、われわれが、自分たちのふるい先入見をすべてなげすてるかわりに、それをたいへん大事にしていること、さらに恥ずかしいことには、われわれは、それらが先入見であるがゆえに大事にしているということ、それらが永続し普及すればするほど、われわれはそれらを大事にすることを、私は告白する。人びとが自分自身だけの理性を元手にして生き、商売するようになることを、われわれはおそれる。
（中略）かれらにとって、ものごとの古いしくみをこわすことは、それが古いものだというだけでじゅうぶんな理由をもつのである。新しいものについては、いそいでたてた建物の永続性にかんして、かれらはなんのおそれも持たない。

近代人は「先入見をなくしてモノを見ろ」と教育されます。理性により合理的に判断しろというわけです。しかし、人間は理論通りには動きません。複雑な社会に対し、机上論を押しつければどういうことになるか。これもマクシミリアン・ロベスピエール、ヨシフ・スターリン、毛沢東《もうたくとう》、ポル・ポトといった狂人たちが見事に証明してくれました。

バークは言います。

国家のなかには、しばしば、若干の、はっきりしない、ほとんど潜在的な諸原因がある。それは、一見したところあまり重要でないようで、じつは、国家の興亡のきわめて大きな部分が、ほとんど根本的にそれに依存するかもしれないのである。したがって、統治の科学は、それ自身そのように実践的で、そのように実践的な諸目的をもち、どんなにかしこくて観察力にとんでいる人がその一生において獲得しうるよりも多くの、経験さえも必要とすることがらであるから（中略）かぎりない注意をもってしなければならないのである。

（中略）人間の本性はこみいっているし、社会のものごとは、可能なかぎり最大の複雑さをもっている。だから、権力の単純な配置や方向づけは、どんなものでも、人間の本質にも人間の関係することがらの性質にも適合しえない。あるあたらしい政治制度において、装置の単純さがめざされ、ほこられるのをきくとき、私はただちに、その製作者たちが、自分のしごとについてまったく無知であるか、自分の義務についてまったく怠慢《たいまん》であるのだときめてしまう。単純な政府は、いくらよくいうとしても、根本的に欠陥がある。

権力を与えてはならない人間

平等主義は取るに足りない者の地位を引き上げ、優れた者の地位を引き下げることにより達成されます。バークは普遍性に結びつけられた平等主義を批判しましたが、根拠のない差別を肯定したわけではありません。

美徳と英知を発揮している者、発揮するだろうと期待される者なら、誰であれ政治に関わる資格を持つ。しかし、粗暴で視野の狭い人間、金儲けだけに血道をあげてきた人間に権力・権威を与えてはならないと言ったのです。

> あなたがたの政治家たちが、勇敢大胆な才能のしるしと考えるものは、能力のなげかわしい欠如の証拠にすぎない。かれらは、自分たちの乱暴な性急さと、自然の過程の無視によって、すべての山師と投機家に、すべての錬金術師とやぶ医者に、盲目的にゆずりわたされてしまった。

このように保守主義は近代の暴力に抵抗する中で、形成されていったのです。

『保守主義的思考』

保守主義と伝統主義

すでに述べたように、保守主義はあくまでも近代思想です。

ハンガリー生まれのドイツの社会学者カール・マンハイムは『保守主義的思考』で端的に言います。

「保守主義」的思考様式は、近代思考史におけるひとつの統一的潮流としてはじめて語りうるものである。「保守主義」がはっきりと政治的・精神的潮流として刻印されて、現実に存在するにいたるのは近代以後においてのことであり、それはまさしく近代的起源をもっている。

カール・マンハイム
（一八九三〜一九四七年）

ハンガリー生まれのドイツの社会学者。知識社会学を確立。一九三三年にナチスによってドイツを追われ、イギリスに亡命した。著書に『イデオロギーとユートピア』『保守主義的思考』など。

もちろん、「保守的」と呼ばれるような性格自体は前近代にも存在します。しかし注意すべきは、《普遍的な人間の本性としての伝統主義》と《特殊な歴史的・近代的現象としての保守主義》を混同してはならないことです。

マンハイムは《継承された生活様式の墨守》としての伝統主義は保守主義とは別物だと指摘しました。《たとえばある政治的「進歩主義者」が、その私生活もしくは職業生活においてまったく伝統的に行為し、あるいは逆に、政治的に保守的な考えや感情をもっている人間が、その生活慣習においてはいつもモダンで進歩的に振舞うことが可能である》。では伝統主義と保守主義の違いはどこにあるのでしょうか？

> 伝統主義的行為はただ純形式的に規定できる準反応的性質のものであるから、ほとんどなんらの、はっきり追求できる歴史をもたない。これに反して「保守主義」は、一定の社会学的および歴史的状況のなかに成立し、歴史的な生命体との直接的関連において発展する歴史的・社会学的に把握することのできる継続体である。伝統主義と保守主義とのこの両現象は二つの別個の現象であり、後者が特殊な歴史社会学的状況においてはじめて成立するということは、歴史における最も信頼すべき案内人、つまり、言葉がすでにこれをしめしている。すなわち、保守主義の語が近代的発展のうち

にはじめて出現したことに注意しなければならない。

伝統主義がなお、みずからをけっして意識したことのない、しかも本来的にこのような植物的特性をもった、ひとつの傾向であったのに対し、保守主義は反対運動としてはすでに反省的である。それは、いわば体験と思考とにおける「進歩的」要素の「自己組織化」と凝集化とに対する応答として成立した。

伝統主義は人間の自然な心性に根差したものですが、保守主義は近代に対する姿勢・態度として意識的に成立したということです。それは抽象や理念の暴走に対する反発です。

具体的なものへの執着

さて、以上のことをもう一度簡単にまとめれば、さまざまな民族のもとにおける（単なる伝統主義とは異なった）近代的保守主義の成立の根本原因、そして同時にまたその共通点は、近代的世界が動的になったこと、この動化が社会的分化の基礎の上に成立すること、この社会的分化がまた精神的コスモスの全内容を「捲き添え」にすること、そしてそれを担っている社会層の根本志向が凝集核となり、互いに対立して動く世界観（およびこのなかに埋蔵された互いに対立して動く思考様式）の創造的中心となること、にある。一言でいえば、伝統主義の（右に特徴づけた意味における）保守主義への転化は階級的に成層化した社会においてのみ生じうる。これらの諸条件が満たされ、精神的社会的生成が右に特徴づけた構造をもつにいたった歴史段階において、はじめて、われわれが「保守主義」と名づける、かの現象が出現しえたのである。

近代的保守主義のこの内的中心、その独特な思考意欲は、確かに、われわれが「伝統主義」と呼んだものとある種の親近関係をもっている。われわれは、保守主義がある意味で伝統主義から生まれたものであることを強調する。のみならず、保守主義は直接には伝統主義が反省的になったものにほかならない。しかしながら、それとこれとは同一のものではないのであって、伝統主義は（革命的体験と思考とに対立する）特定の、一貫した生活・思考立場の担い手となり、そのようなものとして社会的生成に対しひとつのはっきりした潮流として全体的に機能するときにはじめて、特殊な「保守主義的」特質をおびてくるのである。

では、保守主義の本質とは何でしょうか？
マンハイムは《直接に現存するもの、実際的に具体的なものへの執着》であると言います。

> ここから、具体的なものに対する新式の、いわば感情移入的体験が生まれるのであるが、当時「具体的」という言葉が反革命の標識として用いられていたことのなかにその反映を示すことができる。具体的に体験し、具体的に思考するということは、いまや、人間がおかれている一定の直接的環境における特殊な態度、独自な活動意欲——一切の「可能的なもの」、「思弁的なもの」に対する極端な嫌悪を意味する。

保守は反近代でも復古でも右翼（理想主義）でもありません。不可逆的構造を持つ近代という現象の内部において、近代の暴力と「具体的に」戦うことです。マンハイムは言います。

> 保守主義的改革主義の本領は、個々の事実を他の個々の事実によって交換（代替）すること（改良）にある。進歩主義的改革主義は、好ましからざる事実に対して、このような事実を可能にさせている世界全体を改造して、この事実を除去しようとする傾向をもつ。ここから、進歩主義者の体系化への傾向、「保守主義者」の個々の事例

への傾向が理解できる。

「具体的と抽象的」との対立は、われわれが見てきたように、進歩主義的思考がつねに可能的なものからのみならず、規範から現存しているものを見るのに対して、保守主義者が現存するものをその被制約性においてとらえようとするか、あるいは規範的なものを存在から理解しようとすることから生じる対立と密接に関連している。

直線的な歴史観との戦い

つまり、「進歩的」思考においては、個別的なものの意義を《将来のユートピア》や《存在を越えて浮動する規範》に関連づけて受け取ります。一方、保守主義的思考においては《特殊的なもの》の意味を、過去、あるいは《萌芽のかたちですでに形成されているもの》から導き出します。マンハイムはこう説明した上で、近代進歩主義の本質に踏み込みます。

進歩主義者が特殊的なものに対しておこなう補全化はたいてい合理的ユートピアから発し、存在し、生成しつつある全体の構造的展望に向かう。(中略)時間体験の相違を図式的にとらえるならば、進歩主義者はその時々の現在を未来の発端として体験し、保守主義者は現在を過去の終局段階として体験する、ということができよう。保守主義的体験にとっては、前者の説く歴史的過程の直線性などということはなんら本源的なものでないという点で、その相違はより大きく、かつまた真により徹底的である。

保守主義が拒絶するのはここです。進歩主義者は、歴史を理想にたどりつくための進化・進歩の過程と捉えます。こうした直線的な歴史観と徹底的に戦ってきたのが保守主義です。

啓蒙主義は、あくまでも全世界を理性によって徹底的に首尾一貫してつくりあげようとした。こうして啓蒙主義は世界像のあらゆる隅々から「非合理的なもの」を排除し、同時にこの凱旋《がいせん》行進において生命的要素をふるい落としたのであるが、そのふるい落とされた生命的要素は、まさにこのようにふるい分けられることによってひとつの統一に凝結し、その上ひとつの統一的対抗極となりえたのであった。

つまり、近代に内在する暴力が、それに抵抗する保守主義を準備したのです。

「私の保守主義観」

『保守とは何か』所収

保守主義を奉じるべきではない

「私の保守主義観」（昭和三四年）は保守の核心を正確に捉えています。

当時も「保守」を自称するバカはたくさんいたのでしょう。福《ふく》田《だ》恆《つね》存《あり》はそういう連中を深く軽蔑し、苦々しく思っていました。この短い文章からもそれがしっかりと伝わってきます。

> 私の生き方ないし考へ方の根本は保守的であるが、自分を保守主義者とは考へない。革新派が改革主義を掲げるやうには、保守派は保守主義を奉じるべきではないと思ふからだ。私の言ひたいことはそれに尽きる。

福田恆存
（一九一二～一九九四年）

評論家、劇作家。保守派の代表的人物として昭和期の論壇で活動した。「ハムレット」をはじめとした『シェイクスピア全集』の翻訳で岸田演劇賞を受賞。著書に『近代の宿命』『人間・この劇的なるもの』など。

普通、最初に保守主義といふものがあつて、それに対抗するものとして改革主義が生じたやうに思はれがちだが、それは間違つてゐる。（中略）最初の自己意識は、言ひかへれば自分を遮る障碍物《しょうがいぶつ》の発見は、まづ現状不満派に生じたのである。革新派の方が仕来りや掟のうちに、そしてそれを守る人たちのうちに、自分の「敵」を発見した。

革新派は世界や歴史の中で自分の果たす役割を、先んじて規定し説明しなければなりません。社会から締め出された自分を弁解し、真理は自分の側にあることを証明してみせる必要があります。よって、現実の背後に「歴史観」「世界観」を設定します。自由や平等といった近代の理念を完全な形で実現しようとする運動の背後には、歴史に法則が存在するという信仰、すなわち進歩史観があります。保守はこうした考え方を拒絶します。

福田は《保守派は見とほしをもつてはならない。人類の目的や歴史の方向に見とほしのもてぬことが、ある種の人々を保守派にするのではなかつたか》と言いました。保守的な生き方、考え方とは、主体である自己についても、すべてが見出されているという観念をしりぞけ、《自分の知らぬ自分》を尊重することにあると。

保守とは近代的理念の暴走を警戒する姿勢のことです。社会正義が地獄を生み出すことを歴史に学び、常に疑い、思考停止を戒める。安易な解決策に飛びつかず、矛盾《むじゅん》を矛盾のまま抱え込む。保守の基盤は歴史や現実であり、そこから生まれる「常識」です。彼らは革新勢力の非常識（たとえばフランス革命）に驚き、「乱暴なことはやめましょう」と警告する。火事が発生したらバケツで水をかけるのが保守です。

合理主義は不合理

保守派は眼前に改革主義の火の手があがるのを見て始めて自分が保守派であることに気づく。「敵」に攻撃されて始めて自分を敵視する「敵」の存在を確認する。武器の仕入れにかかるのはそれからである。したがつて、保守主義はイデオロギーとして最初から遅れをとつてゐる。改革主義にたいしてつねに後手を引くように宿命づけられてゐる。それは本来、消極的、反動的であるべきものであつて、積極的にその先廻りをすべきではない。

ここで述べられている保守観は、先述したオークショットに極めて近いと思います。オークショットによれば、（保守的性向を持つ）統治者の仕事とは、情念に火をつけることではなく、「火を消す」ことです。

福田は《いはゆる合理主義は不合理である》と逆説的に表現しましたが、反理性を唱えているわけではありません。理性の限界を理性的に見定めよということです。

福田は政治を合理主義的に処理することの危険を指摘しました。

保守派が合理的でないのは当然なのだ。むしろそれは合理的であつてはならぬ。保守派が進歩や改革を嫌ふのは、あるいはほんの一部の変更をさへ億劫《おつくう》に思ふのは、その影響や結果に自信がもてないからだ。それに関するかぎり見す見す便利だと思つても、その一部を改めたため、他の部分に、あるいは全体の総計としてどういふ不便を招くか見とほしがつかないからだ。

その対極を革新派と捉えればいい。人間理性を信頼し、歴史法則を科学的・合理的に導き出し、理想と正義のための「社会運動」を始める。合理的でないものは、前近代の負の遺産として切り捨てます。

一方、保守政治は「現実」を根拠に、社会主義的な政策を取り込んできました。それにより「革命」は抑え込まれます。

最近、英国保守党の「新保守主義」といふ本が飜訳出版された。が、そこには別に新しい保守主義の宣言があるわけのものではない。保守主義とは昔からあゝいふものであつた。労働党の社会政策を取入れたからといつて、それは新しい保守主義の誕生を意味するものではないし、労働党の先手を打つてゐるわけでもない。労働党や革新派がとくの昔に考へてゐたことを、自分流に取入れただけのことである。

保守主義とは昔からさういふものであつた。さうでないと思ふのは、保守派がつねに現状に満足し、現状の維持を欲してゐるといふ革新派の誤解である。戦術的誤解でなければ希望的観測である。日本の保守党すら、明治以来今日に至るまで、たえず進歩と革新を考へてきた。その「業績」は欧米の革新政党などの及ぶところではない。

日本に保守が根づかない理由

福田は言います。

さういふ本質論によつて私は日本の保守党の無方策を弁護しようといふのではな

い。むしろ逆なのである。保守的な態度といふものはあつても、保守主義などといふものはありえないことを言ひたいのだ。保守派はその態度によつて人を納得させるべきであつて、イデオロギーによつて承服させるべきではないし、またそんなことは出来ぬはずである。おそらく革新派の攻勢にたいするあがきであらうが、最近、理論的にそれに対抗し、保守主義を知識階級のなかに位置づけようとする動きが見られる。だが、保守派が保守主義をふりかざし、それを大義名分化したとき、それは反動になる。大義名分は改革主義のものだ。もしそれが無ければ、保守派があるいは保守党が危殆《きたい》に瀕《ひん》するといふのならば、それは彼等が大義名分によつて隠さなければならぬ何かをもちはじめたといふことではないか。

福田の危惧《きぐ》は的中しました。

卑劣で薄汚い精神の奴隷たちが、特定の《見とほし》《大義名分》を掲げ、徒党を組むようになりました。

私は最初「日本に保守は根づかなかった」と思っていましたが、それは間違いでした。明治以降の歴史を振り返ればわかるように、日本の近代受容が極めて曖昧《あいまい》なものであったがゆえに、それに対抗する「保守」も成立しなかったのです。

福田のような真っ当な保守思想家はわが国では例外中の例外でした。福田は「近代の宿命」という文章でこう述べています。

ぼくたちはまづ第一に、ヨーロッパの近代を本質的に究明して日本に真の意味の近代がなかつたことを知らねばならぬ。第二に、しかもヨーロッパの近代を索引にしなければならぬ近代日本史をパラレルにもつたといふ実情も同時にみとめねばならない。第三に、この二つの事実を理解しえぬために生ずる混乱を徹底的に克服せねばならない。

福田が「保守論壇」から疎《うと》まれたのは福田が保守だったからです。そして福田が提起した問題は依然として無視されたままです。ちなみに産経新聞社の雑誌「正論」は、福田と田中《たなか》美知太郎《みちたろう》、小林秀雄《こばやしひでお》らの提唱によって創刊されたそうです。彼らが現在の「保守論壇」を見たら、どう思うでしょうか。

『保守とはなにか』

イデオロギーを警戒

すでに述べたように保守主義は「主義」とついているものの、イデオロギーではなく、逆にイデオロギーを警戒する態度のことです。文芸評論家の江藤淳《えとうじゅん》も『保守とはなにか』で、端的に述べています。

保守主義というと、社会主義、あるいは共産主義というような主義があるように、保守主義という一つのイデオロギーがあたかも存在するかのように聞こえます。しかし、保守主義にイデオロギーはありません。イデオロギーがない——これが実は保守主義の要諦《ようてい》なのです。そのこと

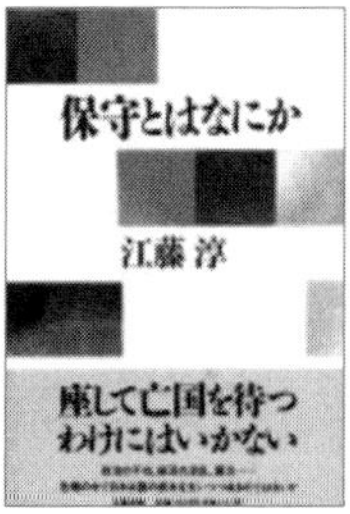

江藤淳（一九三二～一九九九年）

文芸評論家。夏目漱石や小林秀雄の評論で脚光を浴びる。『閉された言語空間』などでアメリカが日本占領下で行った検閲を取り上げ、戦後民主主義の欺瞞《ぎまん》を暴き、日米関係のあり方に疑問を呈した。

は保守主義の輪郭が一番はっきりしている英国を例にとって考えてみるとわかりやすい。

江藤は保守主義とは《一言でいえば感覚なのです。更に言えばエスタブリッシュメントの感覚です》と言います。ここは少し誤解を招きやすい表現ですが、単なる金持ちであるとかそういう話ではありません。

エスタブリッシュメントとは既得権益を持っている人たちのことです。これからのし上がって、物事を変えてやろうという人ではない。麻原彰晃《あさはらしょうこう》こと松本《まつもと》智津夫《ちづお》や全共闘上がりの政治家や役人とは違う。彼らはイズムで動く人たちです。

しかしエスタブリッシュメントは既得権益を持っているが故に、その既得権益の存在基盤について考えざるを得ない。自分はなんで爵位をもって生まれてきたのか。なぜわが家は代々地主なのか。その既得権益の源泉を辿ると、君主という存在に自然と行き着くことになる。名誉革命以後のイギリスでは議会と君主が競争的関係にありながら均衡を保ってきた。議会つまり庶民院である下院が立法権をもって、国家を運営していく制度をとっている。しかしそれら制度全体を法典に書き表した憲法典――コンスティテューションは持たない。王室法と議会法しかイギリスにはありません。つまり王室と議会の競争的な関係を規定した法典があるだけです。あとはすべて慣習に従う。慣習とは裁判所で言えば判例になり、政治的には前例に相当する。

イギリスは憲法を持たずに、慣例という歴史的体験に基づく感覚に判断を委《ゆだ》ねます。《この国は保守主義がイズムではなく感覚であることを、憲法典を持たないことによって立証している》と江藤は言います。

「主義」は必要ない

イギリスではこうした《既得権益》が、階級を超えて貫かれています。

一八九七年（明治三十年）にイギリスのニューカッスル・アポン・タインのアームストロング造船所で、英国労働争議史上に特筆されるような大争議がありました。このとき欧州大陸からドイツの社会主義インターナショナル系を中心とする革命オルグが続々と英国にやってきて、労働者をイデオロギーによって組織しようとした。ところがイギリスの労働者たちは、このイデオロギー信奉者たちを追い返してしまった。俺たちは労働時間を短縮し、賃金を上げてもらいたいだけで、わけのわからない「主義」は必要ない、と。私はこの話をニューカッスル工科大学のJ・F・クラーク氏という歴史家から聞いたのですが、このときの労働者の態度が現在も続くイギリス労働党の基本的性格を決めた、という。つまり、労働組合主義《トレイド・ユニオニズム》です。さきほど保守とはエスタブリッシュメントの感覚であると申し上げましたが、イギリスにおいては労働者階級さえも保守の感覚を保持していた。私はこの話を聞いて少なからず感動しました。英国という国は上から下までが、イデオロギーではなく保守的な感覚で動いているのだな、と。

イデオロギー（お題目）では飯が食えない。正義が実現されても、家族が飢《う》えるのではしようがない。そのことをイギリスの労働者階級は直観的に知っていたと江藤は指摘します。そして、異物が来たらまず追い返すという感覚が保守であると言います。あらゆる保守思想家が指摘しているように、保守は理念を表明するような存在ではなく、日々の生活を守るために、いかがわしいものを批判し、排除します。火事が発生したら、その火を消そうとするのが保守です。

そういう保守の立場からすると、イギリス人が彼らの歴史を生きる過程で一番脅威を感じたのはフランス革命が起きた時だったのではないか。フランスではとうとう王様がギロチンにかけられた。しかし、ギロチンは単に物理的な道具にすぎない。問題はギロチンを動かしているものにある。それは何か。「自由・平等・友愛」というイデオロギーです。それに対し正面から異議を唱えたのが、英国の保守思想家で政治家でもあったエドマンド・バークでした。（中略）また彼は「自然社会の擁護」という論文で、人間は自然に従って家族を形成した、しかし、家族と家族を繋《つな》げる自然な契機は存在しないので、法を制定し国家を形成し政治というものが生まれた、と述べています。このバークの思想の源流を辿っていけば、おそらくアリストテレスの「政治学」に行き着くはずです。バークはフランス革命と同時代に生きたイギリス人として、革命に対抗するには自然社会を保っていくしかないと考えたのでしょう。

ハイカラな明治憲法

こうした貴族から労働者まで貫かれた保守的な態度が、連合王国としてのイギリスを支えてきたと江藤は言います。一方、日本はどうでしょうか？

江戸時代、日本は二百十五年もの長い期間、鎖国をしていました。鎖国とは保守主義のもっとも徹底した形とも言える。自分たちの生活様式を守るために、外国から干渉されないように政治的独立を保ち、その中で熟成される諸文化を享受する。島国という地政学的要件を上手に生かして、鎖国を続けることが日本人にとって一番幸せだと考えた。（中略）

しかし、日本にとって看過できなかったことは、ヨーロッパに産業革命が起きたことです。動力と鉄の組み合わせによって、蒸気船が発明され、日本にも黒船がやってきて開国を迫った。（中略）西欧列強に伍《ご》していくために、日本人は自ら国を開き「改革」を断行しなければならなくなった。

江藤は言います。

この日本近代の根柢にある「改革」の要請は、宿命的に深刻な矛盾を含んでいた。たとえば現在の護憲論者は改憲運動に対し明治憲法の復活を狙う企《たくら》みであると非難しますが、実は明治憲法自体が大変な「改革」憲法であることを忘れてはならない。明治維新をなし遂げ新しく憲法典を作るに際し、我々はイギリスのように日本のコンスティテューションは日本の慣例だと言い切ることができなかった。
日本は外圧により近代を受容し、西欧と同質の、明治憲法という《成文「改革」憲法》を制定せざるをえなくなります。

日本人は「改革」憲法を衝立《ついたて》にして、自ら丁髷《ちょんまげ》を切り落とし二本差しを捨て、洋装を身にまとった。したがって明治憲法というのは、実にハイカラにできている。日本がヨーロッパ並みの立憲君主国であることを証明するための見せ金の役割を果していた。

しかし、その一方で、ハイカラな憲法典は皇室典範によって裏打ちされていた。皇室典範は皇室の家法であると位置づけられ、皇室の祭祀や皇位継承その他のことを簡潔に規定した法典です。日本におけるあらゆる慣習法がそこに吸収されるような構造を持っていた。成文憲法と一対になった皇室典範によって日本の慣習は保持されていた。いわば二重構造です。

明治の日本は、建前の部分で近代を受け入れ、本音の部分で、日本の慣習を保持しようとしました。しかし、第二次世界大戦の敗北でそれは通用しなくなります。圧倒的な勝利を収めたアメリカは、戦前的なものの解体を行ないました。

（前略）アメリカは自らのイデオロギーと法律を振り回し、日本に「改革」を迫った。そして日本人は明治憲法に代わる新憲法を与えられた。明治の時は憲法典を作りそれに従って改革を自らに課したわけですが、戦後はアメリカによって「改革」を課せられた。

こうした改革の連鎖により、日本人は自分たちを見失ったというのが江藤の見取り図です。

『反啓蒙思想』

反啓蒙思想＝保守ではない

保守は近代理念の根幹にある啓蒙思想を批判しますが、注意しなければならないのは、反啓蒙思想＝保守とは限らないことです。一口に反啓蒙思想と言っても、そこでは様々な歴史的背景を持った思想が複雑に絡み合っています。

イギリスの哲学者アイザイア・バーリンは、論文「反啓蒙思想」で、一七世紀イタリアの哲学者ジャンバッティスタ・ヴィーコ、一八世紀ドイツの哲学者、文学者ヨハン・ゲオルク・ハーマン、同じく一八世紀ドイツの哲学者、文学者、詩人、神学者ヨハン・ゴットフリート・ヘルダーを軸にして、その流れを説明します。

アイザイア・バーリン
（一九〇九～一九九七年）

イギリスの哲学者。ロシア帝国の支配下に置かれていた時代のラトビアで生まれた。ロシア革命の中、イギリスに亡命。著書『自由論』では、自由の概念を積極的自由と消極的自由に区分した。

フランス啓蒙およびフランス以外のヨーロッパ諸国におけるその同盟者や弟子たちの中心思想に対する反対は、啓蒙の思想運動そのものと同じように古い。理性は自律しており、知識を得る確実で唯一信頼できる方法は観察にもとづく自然諸科学の方法であり、したがって、啓示や聖典とその公認の解釈者たち、また伝統や慣習など、あらゆる形の非合理的で超越的な知識の源泉の権威は、これを斥《しりぞ》けるという宣言に対して、多くの宗派の教会と宗教思想家たちは当然のことながら反対した。

しかし彼ら（宗教的な反対者）の主張が大きく展開することはありませんでした。反啓蒙として強い力を持ったのは《古典古代に遡《さかのぼ》る相対主義と懐疑主義の伝統》のほうでした。

フランスの進歩的思想家たち相互の意見の違いはどうあれ、彼らの中心的教義は自然法の古い教義に根ざす次のような信念にあった。すなわち、人間の本性はいつでもどこでも根本的には同一で、地域的歴史的変異は人間を動植物や鉱物と同じように一つの種として定義し得る不変の核心に比べれば重要でなく、人間には人間としての普遍的な目的があるという信念であり、また、証明可能、検証可能な一連の法則と概念の論理的結合からなる一つの認識体系を構築し得るという信念である。

デカルト主義の誤り

啓蒙思想家は偏見や迷信に満ちあふれた古い時代は終わり、新しい時代がやってきたと考えました。そして、科学的、理性的、合理的発想により、社会は導かれるべきだと考えました。理性の支配は、政治的および道徳的不正から人々をすくい出し、《知恵と幸福と徳の道》につかせることができると。しかし、ギリシャから引き継がれる懐疑主義の伝統は、道徳的価値や政治的価値、特に司法制度や社会制度一般は、絶えず変わる人間の慣習に基づくと主張しました。

バーリンは、ルネ・デカルトを強烈に批判したヴィーコの重要性を指摘します。

> (前略)ヴィーコは極めて独創的に、デカルト主義者は科学の中の科学としての数学の役割について大きな誤りを犯している、と主張した。数学は、人間の思考の産物であるという、ただそれだけの理由で確実なのであって、デカルト主義者が考えるように、現実の客観的構造をそのまま現わすものではない。それはあくまで方法であって、真理の体系ではない。

バーリンはヴィーコについて次のように説明します。

ヴィーコによれば、集団としての、あるいは個人としてのわれわれの生活や行為は、われわれの生存しようとする試み、欲求を満たし、互いを理解し合い、自分の生まれ出た過去を理解しようとする試みの表現である。人間の最も本質的な活動を功利主義的に解釈するのは、誤解のもとである。人間の活動は、一番最初は純粋に感情表現的なものである。歌い、踊り、祈り、話し、闘うこと、そしてこれらの活動の具現である制度は、一つの世界像をあらわしている。言語、宗教儀式、神話、掟、社会制度、宗教制度、司法制度、これらは自己表現の諸形態であり、自分が何であり、何を目指しているかを伝えようとする意志の表現形態なのであると。それらは理解可能な型に従っており、だからこそ、他の社会の生活を再現することが可能になる。たとえ、時代や場所が遠くへだたる、まったく原始的な社会であっても、そこでの人間の観念や感情や行動のいかなる枠組みが、それらの自然の表現である詩や遺跡や神話を生み出しえたかを問うことによって、それは可能となると。

バーリンはヴィーコの核心について言及します。

すなわち、文化の多元性を主張したこと、そしてその結果、ひとつの、ただひとつの現実の構造が存在し、賢明な哲学者はそれを正確に認識することができ、論理的に完全な言葉で記述することが（少なくとも原則的には）できるとする考え（中略）は間違っていると主張したこと、これである。

人間性の擁護

敬虔主義者として育ったハーマンも啓蒙思想を攻撃しました。ハーマンはイマヌエル・カントを批判、ヘルダーを見出した人物でもあります。

ハーマンは、ヒュームが、あらゆる知識や信念は、窮極的には直接知覚情報に接することに依存すると主張して、現実にいたるある先験的《ア・プリオリ》な通路が存在しているとする合理主義者の主張を見事に打ち破った事実を祝福する。もし卵や水が実在していると信じないなら、卵を食べたり、水を飲んだりはできないはずだというヒュームの考えは正しい。信念――ハーマンはむしろ信仰と呼びたがるが――という事実には根拠があり、味覚やその他の感覚同様、少しも証明を必要としない。

《ハーマンは、分析を用いることによって現実を歪《ゆが》める合理主義および科学主義を断罪する思想家の戦列の先頭にたつ》とバーリンは言います。そこに並ぶのは、たとえばヘルダー、フリードリヒ・ハインリヒ・ヤコービ、ユストゥス・メーザー、バーク、フリードリヒ・シェリングといった人々です。これは二〇世紀のアンリ・ベルクソンの仕事にもつながります。

シェリングは、反合理主義思想家の父であり、それらの思想家にとって、現実とは、分析されえない流れ、継ぎ目のない全体であって、数学や自然科学の静的で空間的な隠喩では説明できないものであった。解剖することは殺すことだというロマン主義の宣言は、ハーマンをもっとも情熱的で非妥協的な先駆者として一九世紀全体に及ぶ運動のモットーであった。科学的解剖は、人間性の冷酷で政治的な抹殺を導き、冷たいフランス的規則による拘束服をもたらす。

ヘルダーは、フランス啓蒙思想の社会学的前提を否定しました。

世界主義なるものは、ある国民をして最も人間的で、最もそれ自身たらしめるものすべてを取り去ってしまう。それゆえヘルダーは、科学的精神に染まったフランスの哲学者が使用する、人類の間違った機械的モデルにたいして攻撃を加える（中略）。哲学者たちは、機械的な因果関係か、でなければ、賢明で有徳かつ利他的な時もあれば、自己中心的で頽廃的、愚鈍で不道徳な時もある、個々の国王や立法者や指導者の恣意《しい》しか理解しない。しかしながら、人間をかたちづくる力は、はるかにもっと複雑で、時代によっても、文化によっても異なり、哲学者のいうような単純で干からびた公式で割り切れるものではない。

このように反啓蒙の哲学、機械的モデルに対する批判は様々な立場の人々によって唱えられてきましたが、そこに共通するのは、数値化・概念化という近代に付随する暴力に対する抵抗であり、人間性の擁護です。バーリンは言います。

ヘルダーは、政治的抑圧や、帝国的支配や、政治権力や、あらゆる種類の強制組織をひどく嫌ったが、この熱烈な民衆主義者《ポピュリスト》によって主張されたにせよ、あるいは、穏健なハノーヴァー保守派であったメーザー、あるいは、全く政治には無関心であったラーヴァター、あるいは、また別の伝統の中で育ち、教会と国家、および歴史によって正当とされた貴族やエリートの権威に敬意の念をもつバークによって主張されたにせよ、いずれにしても、これらの教義は、普遍的な道徳的知的理想の名の下に社会を合理的に再編成しようとする試みには、あきらかに抵抗をしめす。

第二章

近代に対する警戒

『偶像の黄昏』

「反人間的なもの」に対する批判

保守思想家は大勢いますが、保守思想の核心、すなわち近代と理性の問題を徹底的に突きつめ、完全に暴露したのはプロイセン出身の哲学者、古典文献学者のフリードリヒ・ヴィルヘルム・ニーチェです。

ニーチェは近代の背後にキリスト教、さらにはプラトン主義を見出しました。保守思想が、不可逆的な近代の構造を知りつつ、その中において思考停止を戒める態度のことであるとしたら、ニーチェを理解しない「保守主義者」とは語義矛盾にすぎません。

ニーチェ思想および保守思想の根幹にあるのは「愛」です。

フリードリヒ・ヴィルヘルム・ニーチェ
（一八四四〜一九〇〇年）

プロイセン出身の哲学者、古典文献学者。著書に『善悪の彼岸』『ツァラトゥストラ』など。キリスト教は生を破壊するとし、強者の道徳の構築を試みた。

人間愛、人類愛です。

わが国においては、これを理解できないボンクラが「ニーチェは道徳の破壊者」みたいな言説を垂れ流してきましたが、ニーチェが唱えたのは「道徳の復権」です。ニーチェが批判したのは「道徳」ではなく人間の生を汚した「キリスト教道徳」です。同様にニーチェは「価値の破壊」ではなく「価値の復権」を唱えたのです。

ニーチェは言います。

(前略)キリスト教がはじめて、生に反抗するそのルサンチマンを根底にたずさえて、性欲を何か不潔なものにしてしまった。すなわち、キリスト教は、私たちの生の発端に、前提に汚物を投げつけたのである……

(前略)教会はあらゆる意味での切除でもって激情と戦う。その施術、その「治療」は去勢である。教会は、「いかにして欲望を精神化し、美化し、神化するか?」とはけっして問わない——教会はいつの時代でも戒律の力点を根絶(官能性の、矜持の、支配欲の、所有欲の、復讐欲の)根絶に置いてきた。——しかし激情の根を攻撃するとは、生の根を攻撃することにほかならない。すなわち、教会の実践は生に敵対的である……

ニーチェは宗教を否定したのではありません。「宗教なんて迷信だ」「神なんて実在しない」などと小学生レベルのことを述べたわけでもありません。あらゆる神はフィクションにすぎません。しかし、人間はフィクションを必要とします。それは、よりよく生き抜くための技術であり、これをニーチェは《聖なる嘘》と呼びました。あらゆる宗教は《聖なる嘘》である。問題は、キリスト教には「聖なる」目的がないことだと。「原罪」という概念により人間の生が、処女懐妊の物語で人類の誕生が汚されてしまったと。要するに、ニーチェはキリスト教の根底にある「反人間的なもの」「病的なもの」を批判したのです。

近代の構造

では、なぜ教会は人間を貶《おとし》める必要があったのか？

世界を支配するためだったとニーチェは指摘します。そのために僧侶階級は「神」「真理」「道徳」を利用しました。

いつの時代にも人は人間を「改善」しようと欲したが、なかんずくこのことが道徳と呼ばれた。しかし同じ言葉のしたにはこのうえなく異なった傾向が隠されている。人間という野獣の馴養も、特定種類の人間の育成も、ともに「改善」と名づけられて

> きた。（中略）動物園においておこることを知っている人なら、野獣がそこで「改善」されるということには疑いをもつ。野獣は弱化されるのである。危険の少ないものにされるのである、抑圧的な恐怖の念によって、苦痛によって、傷手によって、飢餓によって、病的な野獣となるのである。――事情は、僧侶が「改善」したところの馴《じゅん》養《よう》された人間に関しても変わらない。（中略）生理学的に言えば、野獣との戦いにおいては、病気にさせることが野獣を弱化させる唯一の手段でありうる。このことを教会は理解した。教会は人間を頽廃せしめ、弱化せしめながら、――それでいて人間を「改善」したと要求したのである……

「神」「真理」「道徳」といった概念を歪め、独占し、その代弁者を名乗ることで、僧侶階級は権力を手に入れます。ニーチェはプラトン―キリスト教―近代の構造の背後に同じカラクリを見出しました。「神」は自然や大地、民族、固有の歴史から切断され、教会は「神のもとの平等」という呪文により、人類を個に分断し、弱体化させ、家畜化しました。こうした手口が近代理念に引き継がれます。

いま一つ別の、これにおとらず気のふれた概念が、現代精神の血肉のうちへとはるかに深く遺伝された。それは、「神のまえでの霊魂の平等」という概念である。この概念のうちには平等権のあらゆる理論の原型があたえられている。人類はこの平等の原理をまず宗教的語調で口ごもることを教えられたが、のちには人類のために道徳がこの原理からでっちあげられた。（『権力への意志』）

平等の教え！……しかしこれ以上の有毒な毒は全然ない。なぜなら、平等の教えは正義について説いたかにみえるのに、それは正義の終末であるからである……「等しき者には等しきものを、等しからざる者には等しからざるものを」――これこそが正義の真の言葉であるべきであろう。しかも、そこから生ずるのは、「等しからざるものをけっして等しきものになすことなかれ」ということにほかならない。（『偶像の黄昏』）

現実の背後に「真理」を設定し、それを代弁するカラクリ……。ニーチェにとっては、哲学者もまた僧侶階級にすぎませんでした。

（前略）プラトン以降のギリシャの哲学者たちの道徳主義は病理学的に制約されてい

る。彼らも同じく弁証法を尊重した。（前略）結局はプラトンに対する私の不信は深い。すなわち、私は彼を、古代ギリシア人の根本本能からきわめて逸脱したもの、きわめて道徳化されたもの、きわめて先在キリスト教的なものとみとめるので——彼はすでに至高の概念としての「善」という概念をもっている——、私はプラトンという全現象について、「高等詐欺《さぎ》」という、ないしは、聞こえがよいと言うなら、理想主義という手厳しい言葉を——なんらかの他の言葉よりもむしろ使いたい。

概念の暴走

近代とは人間を自然から切断し、数値化し、再統合する運動です。後ほど述べるように、その原理がナショナリズムであり、資本の要請は人間を等価にしました。そこでは数値化、概念化できないものは切り捨てられます。

同一ではないものを同一と見なすことにより概念は成立するとニーチェは言います。たとえば「葉」という概念は、それぞれ異なる葉の個別の差を捨てたり、忘れたりすることにより成立します。すると、今度は概念が暴走を始めます。まるで自然の中に「葉」の原型が存在するかのようなイメージを呼び起こし、その概念をもとにして現実世界の「葉」はスケッチされ、測定される。これが概念による暴力です。抽象により現実が裁断されるわけです。ニーチェは概念を分類し、わかった気になるのではなく、とにかくモノを見ろと言います。

(前略)見ることを学ぶとは――眼に、落ち着きの、忍耐の、対象をしてわが身に近づかしめることの習慣をつけることであり、判断を保留し、個々の場合をあらゆる側面から検討して包括することを学ぶことである。これが精神性への第一の予備訓練である。すなわち、刺戟《しげき》にただちに反応することなく、阻み、きまりをつける本能を手に入れることである。

近代社会においては、論理的に合理的に理性的に物事を考えることが重視されます。「個別のもの、些末なものにこだわるのではなく、抽象度をあげて考えろ」と。確かに、抽象度をあげれば思考は容易になるし、数値化すれば計算が簡単になります。そしてその分、思考は雑になります。ニーチェはその危険を指摘したのです。

『ゲーテとの対話』

フランス革命の本質

ゲーテには近代の本質が見えていました。たとえばフランス革命に対し、西欧の「知識人」たちは熱狂しましたが、ゲーテはこう言います。

> 私がフランス革命の友になりえなかったことは、ほんとうだ。なぜなら、あの惨害があまりにも身近で起こり、日々刻々と私を憤慨させたからだ。
>
> もちろん私は略奪や殺人や放火を目的とし、社会の幸せというにせの楯の背後にかくれて、もっぱら卑劣きわ

ヨハン・ヴォルフガング・フォン・ゲーテ
（一七四九〜一八三二年）

ドイツの詩人、劇作家、小説家、自然科学者、化学者、政治家、法律家。著書に『ファウスト』『ヴィルヘルム・マイスターの修業時代』『若きウェルテルの悩み』など。

まる利己的な目的しか眼中にないような、革命の暴徒の味方ではない。

フランスでは、あらゆるものが、賄賂《わいろ》を使って手に入れることができる。実際、あのフランス革命にしたところで、まったく賄賂によって動かされていたのだよ。

ゲーテのスケールは一ドイツ人を超えていました。そこには全西欧の歴史、教養が集約されています。だからゲーテはあらゆる分野で超一流の業績を残し、恐ろしいほどの洞察力で「人間」を見抜くことができたのです。その仕事を精神的に受け継いだニーチェは言います。

ゲーテは、どの点からみても、ドイツ人を超えていたし、またいまでも超えている。（『人間的、あまりに人間的』）

この世紀のもので後世に残るであろう書物、より正しくは、この世紀のうちにその根をもっていない樹木として、その枝々でもってこの世紀を越えてかなたへと達する二、三の優れた書物——私が考えているのは、セント・ヘレナ島における（ナポレオンの）回想録とゲーテのエッケルマンとの対話とである。（『生成の無垢』）

エッケルマンを読み、自問してみよ、かつて或る人間が、ドイツにおいて、一つの高貴な形式という点でこれほど遠くへ達したことがあるかどうかを。（中略）私たちはゲーテを飛び越しうるなどとはなんとしても全然信ずべきではなく、むしろ、彼のやったとおりに、再三再四やってみなければならない。（同前）

近代大衆社会が末期症状を見せ始めた現在、われわれはゲーテのやった通りに再三再四やってみる必要があります。

唯一神教的発想の傲慢さ

ゲーテが革命を否定したのは、単に「暴力はよくない」「不正はよくない」といった次元の話ではありません。近代啓蒙主義、近代の理想が、人類に及ぼす害悪を一瞬で見抜いたのです。

先述したように、近代化とは数値・概念による前近代の解体とナショナリズムによる国家の再構築のことです。その背後には、キリスト教による人間の平等化と「生」の破壊、自然との切断が存在します。ゲーテは教会、および唯一神教的発想の傲慢《ごうまん》さを批判しました。

（前略）神の言葉を書き写した天才的な人びとにしてみれば、まず自分たち選ばれた民のことが関心事だったのだ。

キリスト教会は、キリストの後継者として、彼らを人間の罪の重荷から解放してやることができるという信仰と結びつくことによって、きわめて大きな勢力となっている。そしてその勢力と信望をもとに身を保持し、またかくして教会の建物を確保することが、キリスト教僧侶の主要な目的となってくるのさ。

教会の制度にはまったく愚かしいことがたくさんある。だが教会は支配することをのぞんでいるのだから、平身低頭し、支配されてよろこんでいる愚昧《ぐまい》な大衆が必要なのさ。身分も高く、高給をはむ僧侶は、下層階級が目覚めることを何よりもおそれている。

（前略）坊主の権力に対する憎しみ。イエズス会とともにふたたび起りつつある暗黒政治に対する憎しみ。こういうことには、どうしても全面的に賛成せずにはいられないじゃないか。

あるイギリスの僧正《そうじょう》が、ゲーテの小説『若きウェルテルの悩み』に難癖をつけました。あれを読んで若者が自殺したことに良心の呵責《かしゃく》を覚えないのかと。

ゲーテは答えます。

彼ら（この世で偉大だとされている人物たち・適菜註）は、たった一回の戦争で十万人を戦場へ送り、そのうちの八万人を殺し合いで死なせ、殺人や放火や略奪へと双方を駆りたてております。あなたがたは、こういう暴挙の後で神に感謝を捧げ、讃美歌を歌っていますね。さらに、あなたがたは、地獄の罰の怖ろしさを説教して、ご自分の教区のか弱い人びとを不安におとし入れておられる（後略）。

概念による世界の破壊

ゲーテは不信心者として非難されることがありましたが、神を否定したのではありません。単に教会のような狭い信仰を持たないだけでした。ゲーテが称えたのは、いわば健康な神です。

これからも人は、家畜にその餌をあたえ、人間に飲み物や食べ物を好きなだけあたえてくれる者を神として崇拝するだろう。しかし私は、この世に生みふやしていく力をあたえた者を、神として崇拝するのだ。

私は太陽のうちにある神の光と生産性を崇拝する。われわれはひたすら、すべての植物や動物とともに、それによってのみ生き、活動し、存在するのだからね。しかし、もし私が使徒ペテロや使徒パウロの親指の骨におじぎをするかと問われたら、私は、ごめんこうむろう、そんなばかばかしいことはまっぴらだと答えよう。

ゲーテは本質的な保守思想家です。

本物の自由主義者は（中略）自分の使いこなせる手段によって、いつもできる範囲で、良いことを実行しようとするものだ。しかし、必要悪を、力ずくですぐに根絶しようとはしない。彼は、賢明な進歩を通じて、少しずつ社会の欠陥を取り除こうとする。暴力的な方法によって、同時に同量の良いことを駄目にするようなことはしない。彼は、このつねに不完全な世界においては、時と状況に恵まれて、より良いものを獲得できるまで、ある程度の善で満足するのだよ。

ただ、イギリス人を範として、ドイツ人から哲学をもっと減らし、活動力をもっと多く養い、理論をもっと少なくして、実践をもっと重んずるようにできれば、それだけでも、われわれはかなり救済されて、第二のキリストのような聖人の出現を求めるまでもないだろうな。

（前略）将来、公務にたずさわろうという学生に、過剰な理論的学問的知識を要求することには、賛成できないな。

とにかくドイツ人というのは、奇妙な人間だ！ 彼らはどんなものにも深遠な思想や理念を探しもとめ、それをいたるところにもちこんでは、そのおかげで人生を不当に重苦しいものにしている。

鳥類学者諸氏は（中略）何か特殊な鳥を見つけると、ちょっぴり器用にさばいて得意がっているようだね。だが、それにくらべて、自然は意のままに活動をつづけて、窮屈な人間の作りあげた分類などはいっこうに見向きもしない。

ゲーテが言うように、生物は諸要素に分解できるが、諸要素を合成することで生き返らせることはできません。生命は複合体であり、諸部分が連関して一つの統一体をなしているからです。歴史もまた常に動いているものであり、静止した点の集合ではありません。概念による世界の破壊に警鐘《けいしょう》を鳴らすのが保守主義者の仕事であるなら、ゲーテの射程はその根幹に達しています。

『暗黙知の次元』

言語化できない領域

近代に根源から切り込んだのがハンガリー出身の物理化学者、社会科学者、科学哲学者のマイケル・ポランニーです。ポランニーは『暗黙知の次元』で言います。

私は人間の知を再考するにあたって、次なる事実から始めることにする。すなわち、私たちは言葉にできるより多くのことを知ることができる。分かり切ったことを言っているようだが、その意味するところを厳密に言うのは容易ではない。例をあげよう。ある人の顔を知っているとき、私たちはその顔を千人、いや百万人の中から

マイケル・ポランニー
（一八九一～一九七六年）
ハンガリー出身の物理化学者、社会科学者、科学哲学者。暗黙知、層の理論、創発、境界条件と境界制御、細目の統合と包括的全体などの概念を提示した。著書に『創造的想像力』『自由の論理』など。

でも見分けることができる。しかし、通常、私たちは、どのようにして自分が知っている顔を見分けるのか分からない。だからこうした認知の多くは言葉に置き換えられないのだ。

言語化・明示化できない領域は幅広い。たとえば、リンゴの味は誰でも知っています。しかし、リンゴの味はどういう味なのかは言葉では説明できません。コーヒーの香りも言葉では相手に伝達できません。自転車の乗り方のように、体で経験してみないとわからないこともたくさんあります。

近代とは世界を分解し、再構成する働きのことですが、その過程で明示化できないもの、言語化できないもの、数値化できないもの、統計の対象にならないものは切り捨てられます。あるいは迷信と決めつけられ、軽視されます。こうした暴力について考える上で重要なのが、ポランニーが提出した《暗黙知》という概念です。

ポランニーは《原理的に言葉にすることのできない認識》について数多くの例をあげた上で言います。

かくして、私たちはきわめて重大な問題のとば口に立つことになる。世に謳われた近代科学の目的は、私的なものを完全に排し、客観的な認識を得ることである。（中略）しかし、もしも暗黙的思考が知《ナリッジ》全体の中でも不可欠の構成要素であるとするなら、個人的な知識要素をすべて駆除しようという近代科学の理想は、結局のところ、すべての知識の破壊を目指すことになるだろう。厳密科学が信奉する理想は、根本的に誤解を招きかねないものであり、たぶん無惨な結末をもたらす誤謬《ごびゅう》の原因だということが、明らかになるだろう。

明示化できないという理由で、知の背後に流れているものを排除すれば、知そのものが破壊されます。なお、《暗黙知》は、原理的に意識の表層に浮かんでこないものであり、《発見》や《創発》の背後で働いている知の枠組みのことです。

科学主義への批判

ポランニーはこうした近代科学への批判が、世界の意味や道徳の問題とどのように関わってくるのかを考えます。

科学的合理主義は最初に宗教的束縛を打ち砕き、次には道徳的信条の論理的根拠を問いただした。そうすることによって、科学的合理主義が道徳的信条を傷つけてきた話は、繰り返し語られている。しかしそうした月並みな説明では、現代の精神が陥っている状況は分からないだろう。

たしかに啓蒙主義は教会の権威を弱体化させ、近代実証主義はすべての超越的価値の正当性を否定してきた。（中略）科学的懐疑主義《スケプティシズム》（＝無神論）の影響があり、近代人をそれと正反対の方向に押し流す熱狂があり、その両者が結合して初めて、近代精神の自己破壊的傾向が現れたのである。道徳的進歩を求める新しい情熱が近代の科学的懐疑主義と一体化されて初めて、近代精神の典型的状況が出現したのである。

この新しい社会的情熱はキリスト教に起源を持っていたのだが、キリスト教に対する攻撃によって惹起《じやっき》されたものだ。啓蒙主義哲学がキリスト教会の知的権威を弱体化させていたからこそ、キリスト教的情熱が人間の世俗的思考に波及して、社会に対する私たちの道徳的要求を広汎に活発化したのである。

ポランニーは社会主義国の《科学主義》を批判します。

すなわち、啓蒙主義から生まれた壮大な哲学運動は人間の絶対的な知的自己決断を高らかに謳い上げたが、その根拠となったものを否定する。なぜなら、暗黙的思考があらゆる認識に不可欠の要素であり、なおかつすべての明示的認識に意味を与える究極の知能だとするなら、それは、現世代は言わずもがな、後続の世代が自分の受けた教えを批判的に検証する可能性を否定することになるからだ。特定可能な根拠に由来していることが明らかな記述は、その根拠や推論の過程を吟味することによって、批判的に検証することができる。しかしもし私たちが、説明することのできない多くのことを認識しているならば、どうであろう。さらにもし私たちが認識して説明できる事柄ですら、それ自身を越える実在《リアリティ》とそれとの関わりに照らして初めて、真実として受け入れられるのだとするなら、どうであろう。（中略）そのときには、完全に特定可能な根拠に基づく認識という考え方は、崩壊することになる。そして私たちはこう結論せざるを得なくなるだろう。すなわち、一つの世代から後続の世代への知識の伝達は、主として、暗黙的なものである。

伝統主義の重要性

知のあり方を考える上でポランニーが重視したのが伝統主義です。科学者であるポランニーが伝統を持ち出すのは、本人が述べる通り《定説＝教義《ドグマ》を擁護》するためではありません。逆です。《伝統主義は、知識の本質や知識の伝達に対して科学的合理主義などよりも深い洞察を携えている》可能性があるからです。

通俗科学概念が教えるところによれば、科学は観察可能な事実の集積であり、しかもそれは誰でも自力で検証可能なものなのだという。私たちはそれが、たとえば病気の診断の場合のように、熟練した知識の場合には当てはまらないことをすでに見てきた。しかしそれはまた物理科学の場合にも当てはまらない。そもそも、一般人が、たとえば天文学や化学の記述を検証するための装置を手にするなど、とうていかなわぬ事なのだ。（中略）

一般人が科学的記述を受け入れる行為は、権威に基づいている。そしてそれは、ほとんど同じ程度において、自分の専門外の科学分野の成果を利用する科学者たちにも当てはまる。科学者たちは自らの発見した事実を裏付けるために、同業の科学者たちに大いに依存しなければならないのだ。

知の伝達の場では、生徒はまずは教師の権威を受容すべきだとポランニーは言います。

幼児の知性の目覚ましい発展について考えてみよう。幼児は強烈な信頼感に促《うなが》されて、発言や大人の振る舞いのうちに隠された意味を推測するのだ。それが幼児が意味を把握する方法なのである。そして、そこまで教師や指導者に身を委ねることによって初めて、新しい歩みが一歩ずつ刻まれていくのである。（中略）伝統主義とは認識する前に、さらに言えば、認識できるようになるために、まずは信じなければならぬと説くものだ。するとどうやら伝統主義は、知識の本質や知識の伝達に対して科学的合理主義などよりも深い洞察を携えているらしい。ちなみに科学的合理主義が私たちに信じることを許すのは、具体的なデータを基礎にして、それから正式の推論によって導かれ、繰り返しの検証に堪えられる明白な記述のみである。

《科学的合理主義》により導き出された政治の末路については二〇世紀が見事に明らかにしました。

つまり、道徳的発展（＝高次段階）が実現しうるのは、権力の行使によって機能し、物質的利益を目的とする、社会という媒体（＝低次段階）の範囲内のことにすぎないのだ。私たちは次の事実を受け入れねばなるまい。すなわち、いかなる道徳的進展も、まさにそれをもたらし得る唯一の存在たる、この社会というメカニズムの汚れにまみれざるを得ないということ。したがって社会に絶対的な道徳性を強要しようとする企《くわだ》ては、所詮《しょせん》は制御不能な暴力を生み出してしまう空想にかまけることなのだ。

『小林秀雄全集』

意は二の次

江戸時代の国学者本居宣長《もとおりのりなが》は《姿ハ似セガタク、意ハ似セ易シ》と言いました。姿とは言葉の「形」のことで「意」とは表層的な概念のことです。小林秀雄は言います。

> 言葉といふものは恐ろしい。恐ろしいと知るのには熟考を要する。宣長は言葉の性質について深く考へを廻らした学者だつたから、言葉の問題につき、無反省に尤もらしい説をなす者に腹を立てた。そんな事を豪《えら》さうに言ふのなら、本当の事を言つてやらう、言葉こそ第一なのだ、意は二の次である、と。(「言葉」)

小林秀雄
(一九〇二〜一九八三年)

批評家。富永太郎、中原中也らと親交を持った。本格的な近代批評を確立した人物と評されている。一九六七年、文化勲章受章。著書に『様々なる意匠』『考えるヒント』『モオツァルト』『本居宣長』など。

小林に関しても「意」だけを捉えようとすると間違えます。それで「小林の文章はハッタリだけで非論理的だ」などと困ったことを言い出す人たちも出てくる。小林を読むには「時間をかけて馴染む」という作業が必要になります。そして、これこそが、保守思想の最も奥深い場所に到達する手段なのです。小林は言います。

なるほど科学は経験といふものを尊重している。しかし経験科学と言ふ場合の経験といふものは、科学者の経験であつて、私達の経験ではない。（中略）私達が、生活の上で行なつてゐる広大な経験の領域を、合理的経験だけに絞つた。観察や実験の方法をとり上げ、これを計量といふたゞ一つの点に集中させた、さういふ狭い道を一と筋に行つたがために、近代科学は非常な発達を実現出来た。近代科学はどの部門でも、つまるところ、その理想として数学を目指してゐる。

近代科学の本質は計量を目指すが、精神の本質は計量を許さぬところにある。（「信ずることと知ること」）

小林の仕事は、近代により切り捨てられた思考をすくい出す性質のものでした。

真の科学者なら、皆、実在の厚みや深さに関して、適切な感覚は持つてゐる筈《はず》だ。（中略）だが、科学の口真似には、合理化され終つた多数の客体に自己を売渡す事しか出来はしない。（「還暦」）

数値化したものを、再度積み上げても元には戻らないという話はすでにしましたが、生命が諸部分が連関している統一体であるように、歴史もある種の生命体であり、小林がベルクソン論で語ったように静止した点の集合ではありません。

例へば、ある花の性質を知るとは、どんな形の花弁が何枚あるか、雄蕊《おしべ》、雌蕊はどんな構造をしてゐるか、色素は何々か、といふ様に、物を部分に分け、要素に分けて行くやり方ですが、花の姿の美しさを感ずる時には、私達は何時も花全体を一と目で感ずるのです。だから感ずる事など易しい事だと思ひ込んで了《しま》ふのです。（「美を求める心」）

小林は、近代というシステムに致命的な欠陥があることを暴露しました。アルチュール・ランボオ、ヴォルフガング・アマデウス・モーツァルト、フィンセント・ファン・ゴッホ、クロード・モネ、フョードル・ドストエフスキー、本居宣長といった「目が見える人」を小林が批評の題材にしたのは、近代により覆い隠された領域に接近し、解釈で切り捨てることのできない「経験」をすくい上げるためでした。

文学の役割

直接は示せないものでも暗喩はできます。そのために詩は存在します。小林の批評も同じです。小説はたくさんの文字を使うことにより、中心にあるものを浮かび上がらせます。ロジカルな説明では失われてしまうものを扱うのが文学です。小林が評価したのは、数十万語を費やして一つの沈黙を表現するのが目的だと覚悟した小説家でした。

本当の文学者はものが複雑に見えて、微妙に見えて仕方がない人種です。言葉の濫《らん》用《よう》なぞ思ひもよらぬ事です。「言絶えた」物が見えてゐる。これを現すには、たつた一つの言葉しかない。それを捜してゐる人間です。喋つてみても駄目、議論してみても駄目、これしか他にはないといふ言葉だけを集めて、作品を創る。さういふ行為によつてしか解決できぬ課題を常に抱いてゐる。さういふ人種です。(「文学者の提携について」)

小林の批評もまた外枠を組み立てることで、中心を示すようなものになりました。だから、小林は技術、フォーム、トーン、文体を重視したのです。小林の文章が難解だと言われるのは、言語化できない領域を主に扱っているからです。言語化できない領域は広大です。深い感動を味わったときに「言葉にできない」と言いますが、人間は知っていることですら、言葉で説明できません。先ほども述べましたが、コーヒーの香りは誰もが知っていますが言葉にはできません。自転車の乗り方も泳ぎ方も言葉では説明できません。とりあえずプールに行き、水の中に入らないと始まりません。

これはちょうど泳ぎみたいなもので、教えることは出来ないんだよ。海へ放りこめばパチャパチャやっているうちに泳ぎが自然とできて来るよというような……つまり人間の身体全体の触角、そういうようなもので、全然頭では考えられないね。（中略）ジタバタしているうちに水に慣れるんだ。だから海の水に慣れるように、美しい形というものには慣れなければダメなんだ。だから美しい形の海でもって人間は泳がなければいけない。そうしなければ形なんてものは解るものじゃないんだよ。（「『形』を見る眼」）

武道でも芸能でも稽古とは型を体に染みつけることです。その効能は事後的に理解できます。素読も同じです。古典の原文を何度も繰り返し読み、書物を用いないで誤りなく言うことができるようにするのです。意は二の次とし、丸暗記する。このような知の伝達方法が近代精神により歪められたことを小林は嘆《なげ》きます。

暗記するだけで意味がわからなければ、無意味なことだと言うが、それでは「論語」の意味とはなんでしょう。それは人により年齢により、さまざまな意味にとれるものでしょう。一生かかったってわからない意味さえ含んでいるかも知れない。それなら意味を教えることは、実に曖昧な教育だとわかるでしょう。(『人間の建設』)

漢ごころの根

近代人はあらゆるものを分解して概念化しないと気が済みません。しかし、型は分解できない相互の連関です。小林は言います。

物事の認識や理解の基準として、形といふものは何んの役にも立たぬといふ強い考へが支配する様になつた。見掛けの形を壊してみなければ、物の正確な理解には達し得ないといふ傾向が、近代の教養や知識の原動力となつた。（「近代絵画」）

「生きているもの」「動いているもの」が概念の檻《おり》の中に閉じ込められ、殺されてしまった結果、われわれ近代人は目の前にあるものが見えなくなりました。見る前に言葉が先に来てしまう。

漢《から》ごころの根は深い。何にでも分別が先きに立つ。理屈が通れば、それだけで片をつける。それで安心して、具体的な物を、くりかえし見なくなる。そういう心の傾向は、非常に深く隠れているという事が、宣長は言いたいのです。そこを突破しないと、本当の学問の道は開けて来ない。それがあの人の確信だったのです。その自己証明が「古事記伝」という仕事になった。（「『本居宣長』をめぐって」）

三島由紀夫《みしまゆきお》は《あらゆるばかげた近代的先入観から自由である結果、近代精神の最奥の暗所へ、づかづかと素足で踏み込むことのできた人物》と小林を評価しました。一方で、近代的思考を批判した小林を近代的思考により否定するという愚行は、今も繰り返されています。

「現代日本の開化」

『私の個人主義』所収

表層的な近代化

保守思想の前提となるのは、近代に対する正確な理解です。当たり前です。近代がわからなければ、そことどのような距離を置けばいいのかもわかりません。

こうした意味で、明治四四年に行なわれた夏目漱石《なつめそうせき》の講演「現代日本の開化」は、問題の本質を見事に射抜いています。漱石はまず電車やエレベーターといった「便利」を求めるといった意味における文明開化について述べた上で、歴史的に特殊な経緯をたどった「日本の開化」について説明します。

それで現代の日本の開化は前に述べた一般の開化とど

夏目漱石
（一八六七〜一九一六年）

小説家、英文学者。松山中学、第五高等学校で英語教師を務めたあと、文部省留学生としてイギリス留学。著書に『吾輩は猫である』『坊っちゃん』『三四郎』『それから』『こゝろ』など。

こが違うかというのが問題です。もし一言にしてこの問題を決しようとするならば私はこう断じたい、西洋の開化（すなわち一般の開化）は内発的であって、日本の現代の開化は外発的である。

日本の開化は自然の波動を描いて甲の波が乙の波を生み乙の波が丙の波を押し出すように内発的に進んでいるかというのが当面の問題なのですが残念ながらそう行っていないので困るのです。

漱石は西洋の近代化は歴史的必然だったと捉えます。一方、日本の近代は西洋に巻き込まれるという形で発生しました。

これを前の言葉で表現しますと、今まで内発的に展開して来たのが、急に自己本位の能力を失って外から無理押しに押されて否応《いやおう》なしにそのいう通りにしなければ立ち行かないという有様になったのであります。それが一時ではない。四五十年前に一押し押されたなりじっと持ち応《こた》えているなんて楽な刺戟ではない。時々に押され刻々に押されて今日に至ったばかりでなく向後何年の間か、または恐らく永久に今日のごとく押されて行かなければ日本が日本として存在出来ないのだから外発的というより外に仕方がない。

日本は開国しなければならない状況に追いつめられ、西洋の「モデル」「青写真」をお手本にして近代を受容し、神棚に祀《まつ》りました。前近代社会を即席で近代社会に改造したわけです。

漱石は《上滑り》という言葉を使いましたが、近代の受容が表層的なものであったということは、当然、近代を内部から批判する態度としての保守主義の受容も表層的なものであったということです。

漱石は嘆きます。

（前略）人間活力の発展の経路たる開化というものの動くラインもまた波動を描いて弧線を幾個《いくつ》も幾個も繋ぎ合せて進んで行くといわなければなりません。無論描かれる波の数は無限無数で、その一波一波の長短も高低も千差万別でありましょうが、やはり甲の波が乙の波を呼出し、乙の波がまた丙の波を誘い出して順次に推移しなければならない。一言にしていえば開化の推移はどうしても内発的でなければ嘘だと申上げたいのであります。

欺瞞の積み重ね

日本は流されるようにして、近代システムに組み込まれ、近代を知らないまま、《時々に押され刻々に押されて今日に至った》。これは《天狗にさらわれた男のように無我夢中で飛び付いて行く》ようなものでした。

こういう開化の影響を受ける国民はどこかに空虚の感がなければなりません。またどこかに不満と不安の念を懐《いだ》かなければなりません。それをあたかもこの開化が内発的ででもあるかのごとき顔をして得意でいる人のあるのは宜しくない。

日本は欺瞞に欺瞞を積み重ねてきました。

漱石は言います。

それはよほどハイカラです、宜しくない。虚偽でもある。軽薄でもある。自分はまだ煙草を喫《す》っても碌《ろく》に味さえ分らない子供のくせに、煙草を喫ってさも旨そうな風をしたら生意気でしょう。それを敢てしなければ立ち行かない日本人は随分悲酸な国民といわなければならない。

わが国の「保守派」の軽薄さ、幼さ、夜郎自大ぶりはここに起因するように見えます。近代における日本の位置づけを正視することができないから、自らを過度に高く評価したり、その一方で不安を膨らませて、落ち込んだりする。いや、不安だからこそ、チープな「日本スゴイ論」に飛びつくのでしょう。連中はアメリカに隷属し、主体的な選択を放棄しながら、自主独立を唱えたりもします。

とにかく私の解剖した事が本当の所だとすれば我々は日本の将来というものについてどうしても悲観したくなるのであります。外国人に対して乃公《おれ》の国には富士山があるというような馬鹿は今日は余りいわないようだが、戦争以後一等国になったんだという高慢な声は随所に聞くようである。中々気楽な見方をすれば出来るものだと思います。

富士山系だかフジサンケイだか知らないが、情弱向けの愛国ビジネスをやっているうちに、ミイラ取りがミイラになるケースもあります。自慰史観満載のバカ月刊誌では、「保守」を自称する有象無象が、国家の破壊に手を染めた安倍晋三という国賊を礼讃するという倒錯が発生しました。漱石の講演から約一〇〇年後、《乃公の国には富士山があるというような馬鹿》の天下がやってきたわけです。

漱石は言います。

これを一言にしていえば現代日本の開化は皮相上滑りの開化であるという事に帰着するのである。無論一から十まで何から何までとは言わない。複雑な問題に対してそう過激の言葉は慎《つつし》まなければ悪いが我々の開化の一部分、あるいは大部分はいくら己惚《うぬぼ》れて見ても上滑りと評するより致し方がない。しかしそれが悪いからお止《よ》しなさいというのではない。事実已《や》むを得ない、涙を呑んで上滑りに滑って行かなければならないというのです。

解決策も対案もない

一度壊れたものが元に戻る保証はありません。近代は不可逆性の構造を持ちます。近代に解決策はありません。対案もない。漱石はそれを深く理解していたので、安易な処方箋を示すことはありませんでした。
漱石は講演をこう締めくくりました。

ではどうしてこの急場《きゅうば》を切り抜けるかと質問されても、前申《ぜん》した通り私には名案も何もない。ただ出来るだけ神経衰弱に罹《かか》らない程度において、内発的に変化して行くが好かろうというような体裁の好いことを言うより外に仕方がない。苦《にが》い真実を臆《おく》面《めん》なく諸君の前にさらけ出して、幸福な諸君にたとい一時間たりとも不快の念を与えたのは重々お詫びを申し上げますが、また私の述べ来った所もまた相当の論拠と応分の思索の結果から出た生真面目の意見であるという点にも御同情になって悪い所は大目に見て頂きたいのであります。

このご時世、正気を維持していれば、神経衰弱にもなりかねません。しかし、《苦い真実》に向き合わなければ、集団発狂に巻き込まれるだけです。

「『さまよえる』日本人」

『日本人の人生観』所収

負の充足

ベストセラー『日本人とユダヤ人』（一九七〇年）をイザヤ・ベンダサン名義で書いた山本七平《やまもとしちへい》は、ユダヤと比較することで、日本人のメンタリティーをあぶり出しました。「『さまよえる』日本人」を書いたのは一九七八年ですが、現在の日本の状況もそれほど変わっていないように思えます。

「さまよえる」日本人という場合の「さまよえる」は「目標を失っても静止し得ない状態」を意味する言葉であろう。確かにいまの日本には全国民的目標らしきスローガンはないし、同時にそういうスローガンがないのを

山本七平
（一九二一～一九九一年）
出版人、評論家。山本書店を設立し、聖書関係の書籍を刊行する。イザヤ・ベンダサン名義で『日本人とユダヤ人』を出版し、ベストセラーとなる。日本人論を多く執筆し、「山本日本学」と称された。

当然として、その状態で自若《じじゃく》としているわけでもない。では、各人の実生活に大きな革命的変化が生じ、それによって国民的な不安が生じたのかと言うと、そういうわけでもない。否、むしろ逆であって、急に目標が失われ変化がとまり、この「現実」の急停車のため、今までの惰性で精神だけが在来の方向へとよろめき出ていると言った状態がこの「さまよえる」なのであろう。とすると、無目的な放浪を当然の状態とするという意味での、「さまよえる」でもないわけである。この状態は簡単に要約すれば、何やら目標と変化が欲しいのだが、だれもそれを与えてくれず、といって、到達した安定を失うという犠牲を払ってまで自己の意志で何かをしてこの状態を変えたいとも思っていないが、しかし現状にも不安と不満があるといった状態である。

こうした状況を山本は否定しているわけではありません。人類の長い歴史において、それはむしろ普通の状態であり、《その状態を生きるという実績の積み重ね》が、それぞれの文化を形成してきたと山本は指摘します。

だが明治以来の日本、特に戦後の日本はこのごく当然のことを忘れてしまった。そしてそこに必ず全国民的な目標を示すスローガンがあり、同時に到達すべき目標が国外を基準に設定され、全員をそれに指向さすべくマスコミが動員された——そして全国民が常に何らかの形でそれへの参加を、少なくとも心理的な参加を強要されると言った状態であった。

この戦前から戦後にかけて掲げられた目標の共通の主題は、《負の充足》だったと山本は言います。それは《まだ民主化が足りない》であり、経済成長時代に入ると《まだ収入が足りない》となり、《負》を充足すれば解決するという発想が形成されました。こうした時代においては、《さまよえる》という心理状態は発生せず、逆に全員がある方向に一切に心理的に動き出す側面があったと。もちろん、このような動きに参加しえず一種の挫折《ざせつ》感を味わった人々もいましたが、《負の充足》というスローガンが成り立ちえない状態が現出したときに、《さまよえる》という状態が現出したと山本は言います。

啓蒙主義の絶対化

すでに述べたようにこれは人類がしばしば経験してきた状態で珍しいものではありません。しかし、それを日本人のように宿命と捉えるか、西欧のように過去の歴史的過程において発生した現象と捉えるかは大きく違います。西洋人は《伝統的な文化と近代化とを、いかに位置づけるか》について考えたと山本は言います。

そしてこの場合の「近代化」とは、もちろん、俗に「二十世紀的な機械文明」と言われる状態ないしはその状態の実現を目的とする行き方のことでなく、その基礎となった十八世紀以来の啓蒙主義である。現状を生み出したものが、その正《プラス》の面も負《マイナス》の面もひっくるめて、この啓蒙主義の成果であることは否定できない。だがこの啓蒙主義も、長い西欧の思想史の一環として捉えれば「ある一時期を画したある一思想」にすぎないわけで、彼らが将来への模索の基礎として探究しているのが、実は、この啓蒙主義なるものの本質なのである。

われわれ近代人を規定している《啓蒙主義》について、自由に再検討しようとするのか、あるいは金科玉条《きんかぎょくじょう》のように扱い、神棚に飾るのかという違いがあります。山本はそれを《自らその思想を生み出した者と、その思想を権威として受取った者》との差と指摘します。

従って彼らは、この啓蒙主義の一つの政治的結実として成立したアメリカの憲法をまずとりあげ、その基本にあった「脱宗教体制」への指向からまず問題にするわけである。われわれは啓義主義以前のヨーロッパと接していなかったため、憲法上のこの規定の意味に無関心だが、これは西欧の伝統的社会にとっては実に大きな革命であり、イスラエルなどは（イスラエルだけではないが）未だにこの種の憲法を持っていないわけである。私はいま「未だに」と記した。しかしこれは、不知不識のうちにわれわれが持つ啓蒙主義を絶対化している考え方で、これが果して「未だに」で片づけてよい問題なのか否かが、すなわち「伝統的文化と近代化（啓蒙思想）とをいかなる関係におくか」ということが、イスラエルでも問題なのである。

一方、戦後の日本人は、啓蒙主義を永遠普遍の真理として扱いました。

戦後すぐに行われた「民主的」「封建的」という対比においても、「進歩」と「反動」という対比においても、常に、啓蒙主義を基礎とする輸入の新思想が絶対的権威とされ、それと対置されるものは否定・笑殺・棄却《ききやく》さるべき対象とされた。そしてこれをずんずん推し進め、完全に啓蒙された人間ができればそこに理想的な民主主義社会ができるはずで、社会にさまざまな問題があるのは一に「まだ民主化が足りない――啓蒙が不足している」からであり、これを推し進めることが、一切の問題を解決する鍵であるかの如くに考えられ、この考え方に疑問を提示することさえ許されなかった。

超国家主義から超戦後主義へ

戦前・戦中・戦後を貫いているものがあります。

この図式は簡単にいえば、戦前の超国家主義が超戦後主義に転化した状態であろう。この二つは一見「対極」のように見えるが、そのときの与えられた体制を「超」と受取る点では同一であり、戦前の延長にすぎない。従ってこの発想に一つの行きづまりを感じたとき、その権威を権威として信じ得なくなったとき、当然に、何を信の対象として何をしたらよいかわからぬ「さまよえる」といった心理状態を生み出すわけである。

西欧人はいずれの思想も絶対的権威として人に臨むことは許されず、啓蒙主義・民主主義も例外ではないと考えると山本は言います。

言うまでもなく西欧は、中世においてはキリスト教徒は教会法に拘束され、ユダヤ教徒はユダヤ教律法に拘束された世界であった。そして啓蒙主義の成果に基づくアメリカ憲法と人権宣言はこの状態から人びとを「解放」し、すべての人間は国家の定める単一の「法の前に平等」ということになった。確かにこれは進歩であり、その成果をわれわれが享受していることは否定できない。しかし社会の秩序が「国家の定める法」によってのみ維持できるという考えも、この法の改訂によって進歩が招来されるという発想も、ともにその一部は虚構であり、実質的にその社会を支えているのは、その法の枠内にあった伝統的な宗教体制ではないのか。そしてこの体制が崩壊したとき、その枠であった法による秩序維持もまた崩壊するのではないか、とすればこの両者はどのような関係にあり、またどのような関係にあるべきか――これがいわば彼らの伝統的文化と近代化を、いまの状態において、いかに位置づけるかという問題意識なのである。

ではわが国に西欧の伝統的な宗教体制にあたる基盤のようなものはあったのでしょうか。

それは西欧の宗教体制とはまた違った階層的集団主義体制であり、それを支えていたのは組織的体系的な宗教法ではなく、むしろ「治教主義」ともいうべき一種の儒教的修身主義で、外部の秩序を確立するためまず各人の内心の秩序を画一的に統一して行くという行き方である。

山本が指摘するように、これは西欧のように各人の内心の自由を認めるのと同時に、自由の無秩序な発揮を法により抑え込む方法とは逆でした。しかし、戦後、わが国においては《権威をもって》伝統体制が否定されたため、こうした流れを自分で説明できなくなっています。それが戦後の日本人だと山本は言います。

『近代性の構造』

体系主義と方法主義

近代に反省を突きつける思考の流れがあります。今村仁司《いまむらひとし》の『近代性の構造』は、近代に関する諸問題をわかりやすくまとめています。今村は近代の構成要素について端的に述べます。

　エコノミーとテクノロジーという、古代や中世では異質で相容れない二つの要素がひとつに合体すること自体が、まさに近代性なのだ。この「接合」の親和力を産みだす条件は次のとおりである。（一）機械論的世界像——古代のテクネーに代る近代テクノロジーを生んだのは、機械論である。世界全体を数量的に処理する世界

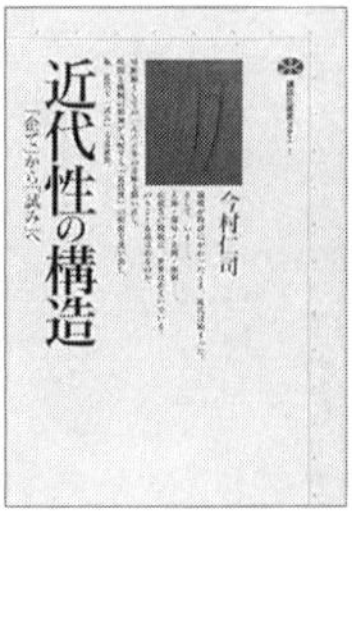

今村仁司
（一九四二～二〇〇七年）
思想研究家。ルイ・アルチュセールをはじめフランスのポストモダン思想を日本に紹介した。ジャン・ボードリヤールやカール・マルクスなど、多くの翻訳に取り組んだ。著書に『暴力のオントロギー』など。

了解図式があってはじめて、近代特有のテクノロジーが生れた。(二)生産主義的＝計算的理性——主観性を原理として「世界を構築する」という生産的＝構成的な精神が、近代理性の方法主義を支える。(三)進歩時間論——未来を先取りして計算しつつ、計画を立て実行するという行為は、未来に向かって前進し、進歩する時間意識を含む。

こうした《近代性》に抵抗する思想、たとえばマルティン・ハイデガーの哲学的企ては《機械論的、制作中心的思考と行動から脱出すること》であり、ヴァルター・ベンヤミンは《近代精神一般の歴史哲学批判》を実行し、アルフレッド・ノース・ホワイトヘッドは《近代精神をこえでていく哲学的構想》を打ち出しました。こうした思想の流れは、フランクフルト学派や構造主義にもつながっていきます。

近代は「正確さ」というものに病的に取りつかれた時代である。とくに精神の場合、あいまいさがあると不安でしかたがなく、哲学でも科学でも精密さを追求した。近代科学では正確さが最前面に出ている。その正確さの最たるものが数学である。したがって、近代科学は数学的科学であることを宿命づけられ、哲学もまた数学をモデルとしたため、原理や根拠から出発して首尾一貫した体系をつくることが学問の理念とすら思われた。人々はその理念にしたがって純粋なる世界を構築し、その純粋性がまた真理の保証であるという思い込みが強かった。

しかし、現実や自然には純粋なものは存在しません。数学モデルを社会に押しつければ、人間性は損《そこ》なわれます。今村は言います。

あらゆる現実は複雑につながり入れ子状になっているので、精神の構え方が体系主義や方法主義で固まっていると、現実の複雑さと雑種性が排除されてしまう。とくに政治が体系主義や方法主義で運営されるようになると、雑種の排除が全面化してしまう。思想のレベルなら、なにをどう考えても自由であり、体系的思考でもかまわないといってすませられるが、政治の場合、非常に危険な状況が生まれる可能性がある。いわゆる管理システムや全体主義は近代方法主義や体系主義の全面開花である。

なお、前近代に全体主義は存在しません。「世界全体を数量的に処理する」という近代の発想がなければ全体主義は成立しないのです。

意志の時代

時間の捉え方も前近代と近代では決定的に異なります。

ともかくすでに終わった過去にのみ対面して物を考えていくことがヨーロッパの哲学の本道であることは、まず確認しておかねばならない。意志は思考とは反対に未来にかかわるので、伝統的な定義にしたがえば思考とはなんの関係もないことになる。したがって、意志としての精神は長い間、問題設定から外されてしまっていたが、近代は意志の時代といわねばならない。未来を先取りし、現在を変形して構築していく精神はまさに意志的精神であって、この意志がじつは思考をのみ込んでいく。

伝統的な思考を近代理性の方につくりかえていく作業に関わったのが、たとえばフランシス・ベーコンでありデカルトです。アダム・スミスやカントはそれを道徳に組み込んでいきました。近代的人間は、自分自身を《企て》の材料にし、未来に向かってより高いものへと決断的に努力していくという構図で生きねばならないという理解の仕方を一八世紀以降するようになります。

フランクリンの徳目は、原理的なところでいえば、スミスやカントがいったような自己規律のモラルに支えられているといっていい。それを圧縮していうならば、未来を先取りしてある種の理想状態を立て、それにむかって自分を方法的に引っ張っていくことであるから、道徳がついに企てになり、未来にむけての投機=投企になっていく。たとえ宗教的な支えがなくなったとしても、企ての道徳、すなわち自己犠牲の道徳だけは残って、それが近代社会を内面から支える力になっていくといえるだろう。

排除と差別のプログラム

こうした近代精神はユートピア思想につながります。

ヒトラーもムッソリーニもレーニンもスターリンも、近代資本主義の難点を乗り越えて、自分たちこそが理想的な社会をつくるのだと考えた。事実、そのような主張に多くの人々が賛同して多くの理想が託され、誠実な人々が生死を賭けた。思想的あるいは歴史哲学的には、これらの革命主義イデオロギーは、ブルジョワジー以上に企ての精神と未来時間意識の純粋化であったともいえる。(中略)

実験的ユートピアは人間存在を根本的に変革するという悪魔的意志を持ち、人類の生死を左右する。事実、じつに多くの人々の命を奪ったという悲劇を生んだという意味で、実験的ユートピアを担った企業家人間、すなわち革命的企業家たちの行為の結果の重みは極端に大きい。それを逆ユートピアといいかえて批判しても意味がない。（中略）ユートピアだろうと逆ユートピアだろうと、それらはすべて企業家タイプの企て人間がやる仕事で、デカルトやベーコンの敷いた軌道の範囲内のできごとだったのである。

近代主義者＝左翼が考えるように、反近代・反啓蒙が全体主義的野蛮を生み出すのではありません。近代はその内部に排除と差別のプログラムを内包しているのです。今村は自然機械論のトップバッターはガリレオ・ガリレイだったと言います。

この機械論的世界は、自然が原子のごとき量的存在でつくられていて、数学的に厳密に定式化できる。つまり、「自然は数学的存在である」。（中略）機械が量的に測定できる部品に還元できるように、自然もまた量的要素に還元できる。このような表象体系を称して機械論とよぶ。このような機械論的自然認識が近代を征服することになった。

世界が数学的に記述できるためには、世界は有機論的であっては困る。有機体論的世界像は、相互に還元不可能な物体からなる。相互交通が不可能なような質的世界では量的処理はできない。

数的処理、量的処理ができない有機的なものを排除するのが近代です。

機械論の精神が歴史上はじめて、世界を分解し再構成する方法の精神を作ったのであり、この方法を支える原点に、分割不可能な個人がすえられる。

近代の機械論的合理性は、人間と自然を計算可能な対象として処理する。日常生活では、資本主義経済が毎日計算合理的メンタリティーを分泌する。近代の知性も行動も、計算合理的になる。それは、自覚するしないにかかわらず、人間をふくむ万物を「物体」として処理する傾向を世界史上どの時代よりも多く加速することだろう。

人間が計算の対象になれば、数を確保し動員するテクノロジーが応用されます。近代の負の側面が暴走しているのが現在です。

第三章

熱狂する大衆

『大衆の反逆』

大衆とは何か

ホセ・オルテガ・イ・ガセットの代表作『大衆の反逆』は、現代人の放恣《ほうし》な自己肯定や権威拒否の心性を分析し、野蛮な社会の到来を宣告したものです。オルテガは自由主義者であり、ある種の理想主義者ではありますが、強靭な保守的思考が前提となっています。

「大衆」とは、わが国で「大衆居酒屋」といった感じで使われるような庶民層や貧困層を指すものではありません。それは、労働者でも下層民でもありません。「大衆」とは近代化により前近代的な共同体から切り離されることにより発生した「近代特有のメンタリティーを持つ人々」のことです。よって、階級

ホセ・オルテガ・イ・ガセット
（一八八三～一九五五年）

スペインの哲学者、思想家。「生の哲学」を展開。スペイン内乱の際に亡命するも、のちに帰国し、スペインの知的復興に尽力した。著書に『大衆の反逆』『現代の課題』など。

的序列と異なるどころか、その正反対で階級的序列が失われた社会において発生したものです。

オルテガは端的に定義します。

大衆とは、善い意味でも悪い意味でも、自分自身に特殊な価値を認めようとはせず、自分は「すべての人」と同じであると感じ、そのことに苦痛を覚えるどころか、他の人々と同一であると感ずることに喜びを見出しているすべての人のことである。

人間を最も根本的に分類すれば、次の二つのタイプに分けることができる。第一は、自らに多くを求め、進んで困難と義務を負わんとする人々であり、第二は、自分に対してなんらの特別な要求を持たない人々、生きるということが自分の既存の姿の瞬間的連続以外のなにものでもなく、したがって自己完成への努力をしない人々、つまり風のまにまに漂う浮標のような人々である。

したがって、社会を大衆と優れた少数者に分けるのは、社会階級による分類ではなく、人間の種類による分類なのであり、上層階級と下層階級という階級的序列とは一致しえないのである。

大衆は自分で価値判断することを恐れます。そして大多数の判断に身を委ねます。それにより、さらに社会の「大衆性」は高まっていきます。オルテガはこうした流れに警鐘を鳴らしました。

かくして、その本質そのものから特殊な能力が要求され、それが前提となっているはずの知的分野においてさえ、資格のない、資格の与えようのない、また本人の資質からいって当然無資格なえせ知識人がしだいに優勢になりつつあるのである。

オルテガは《知識人》《われわれの時代を支配しているような人間》の中に、大衆性を見出したのです。

超デモクラシーの勝利

同様にオルテガが《貴族》《エリート》と呼ぶものも階級的序列とはまったく関係がありません。これもまた人間の質による分類です。オルテガは言います。

社会的な貴族というものは、「社会」という名称を自分たちが独占しているかのごとくふるまい、自分たちを「上流階級」と呼び、ただ誰を招待するのしないのといったことに明け暮れているごく少数のグループとは似ても似つかないものである。この小さな「優雅な世界」も、この世のすべてのものがそれぞれの価値と使命をもっているように、この広大な世界の中にあってそれなりの使命をもってはいるが、その使命たるや実に低次なものであって、真の貴族に負わされているヘラクレス的な事業とは比べものにならないのである。

オルテガが《優れた少数者》と定義したのは、進んで困難と義務を引き受け、自発的に未来を切り開いていく人々でした。しかし、大衆により支配された国家は《創造的な少数者》を徹底的に管理抑圧します。オルテガは国家権力を警戒しました。

今日、文明を脅かしている最大の危険はこれ、つまり生の国有化、あらゆるものに対する国家の介入、国家《ステート》による社会的自発性の吸収である。すなわち、人間の運命を究極的に担い、養い、押し進めてゆくあの歴史的自発性の抹殺である。

大衆支配の下にあっては、国家《ステート》が個人と集団の自由を踏みにじり、ついには未来の息の根を決定的にとめてしまうような働きをすることをどうして怖れずにいられれようか。

今日われわれは超デモクラシーの勝利に際会しているのである。今や、大衆が法を持つことなく直接的に行動し、物理的な圧力を手段として自己の希望と好みを社会に強制しているのである。（中略）当時の大衆は、公の問題に関しては、政治家という少数者の方が、そのありとあらゆる欠点や欠陥にもかかわらず、結局は自分たちよりいくらかはよく知っていると考えていたのである。ところが今日では、大衆は、彼らが喫茶店での話題からえた結論を実社会に強制し、それに法の力を与える権利を持っていると信じているのである。わたしは、多数者が今日ほど直接的に支配権をふるうにいたった時代は、歴史上にかつてなかったのではないかと思う。

無恥と忘恩

大衆は社会に対し責任をとらない一方で、恩恵だけは無尽蔵に受けることができると思っています。

（前略）われわれの時代の特徴は、自分が過去のあらゆる時代以上のものであるとする奇妙なうぬぼれをもっているということ、いやそればかりではなく、いっさいの過去に不関知なるがゆえに、古典的規範的な時代を認めないのではなく、自分自身をすべての過ぎ去った生に優るとともにそれらには還元しえない一つの新しい生であるとみなしていることを指摘した。

だからこそ、大衆は精神といっさい関係をもとうとしないし、新世代は、この世界が、あたかも過去の痕跡《こんせき》をもたず、昔からの複雑な問題をもたない楽園であるかのように考え、自分たちの手に世界の支配権をとろうとしたのである。

かくして、それら大衆が自ら暴露している彼らの不合理な心的状態が明確になる。つまり、彼らの最大の関心事は自分の安楽な生活でありながら、その実、その安楽な生活の根拠には連帯責任を感じていないのである。彼らは、文明の利点の中に、非常な努力と細心の注意をもってして初めて維持しうる奇跡的な発明と構築とを見てとらないのだから、自分たちの役割は、それらを、あたかも生得的な権利ででもあるかのごとく、断乎《だんこ》として要求することにのみあると信じるのである。飢饉《ききん》が原因の暴動では、一般大衆はパンを求めるのが普通だが、なんとそのためにパン屋を破壊するというのが彼らの普通のやり方なのである。この例は、今日の大衆が、彼らをはぐくんでくれる文明に対してとる、いっそう広範で複雑な態度の象徴的な例といえよう。

大衆は過去を振り返らないから、現在が見えなくなります。無恥と無知、忘恩。こうして野蛮な社会がやってきます。それでもオルテガは理想を語りました。
現実に根差した理想、生の可能性を追求することが、生きることの意味だと考えたからです。

生とはすべて、「環境」つまり世界の中に自己を見出すことである。なぜならば、環境、つまり周囲にあるものというのが「世界」なる概念のそもそもの意味だからである。

これは保守の本質でもあります。保守とは固有の生、固有の時間の中で、臨機応変に現実と向き合う姿勢、態度のことなのですから。

『群衆心理』

野蛮人と化すメカニズム

フランスの社会心理学者ギュスターヴ・ル・ボンの『群衆心理』が誤読や非難の対象になったことは、ある意味においては彼の指摘の正しさを示しているようにも見えます。なぜなら、人は隠しておきたいことを言い当てられたときに反発するからです。

ル・ボンは言います。

心理的群衆の示す最もきわだった事実は、次のようなことである。すなわち、それを構成する個人の如何《いかん》を問わず、その生活様式、職業、性格あるいは知力の類似や

ギュスターヴ・ル・ボン
（一八四一～一九三一年）

フランスの社会心理学者。著書『群衆心理』では、個人が群衆に埋没し、操縦者の思いのままに行動するメカニズムを分析。ナチスやそれに熱狂する人々の出現を予測するような内容となっている。

相違を問わず、単にその個人が群衆になり変わったという事実だけで、その個人に一種の集団精神が与えられるようになる。この精神のために、その個人の感じ方、考え方、行動の仕方が、各自孤立しているときの感じ方、考え方、行動の仕方とは全く異なってくるのである。

ル・ボンは通常の意味においては群衆は《任意の個人の集合》を指すが、心理学の観点からすればまったく別の意味を帯びると言います。

歴史上ある時期には、六人ばかりの人間でも心理的群衆を構成することがあるし、これに反し幾百人の個人が偶然集まっても、それを構成し得ないこともあろう。また他面、一国民全体が、これといって眼に立つ集団をなさなくても、何らかの影響を受けて、群衆となることが往々ある。

つまりル・ボンが分析した群衆とは、「大勢の人」ではなくて、人間が集まったときに発生する心理状況のことです。また、ル・ボンは「愚かな人間が集まっても意味がない」などと単純なことを言ったのではありません。群衆中の個人がその凡庸《ぼんよう》な性質を混ぜ合わせるにとどまるなら、単に《平均の現象》が起こるだけで、《心理的群衆》という特性の発生は見られないとル・ボンは言います。問われているのは、《孤立していたときには、恐らく教養のある人》であっても群衆に加わると《本能的な人間》《野蛮人》と化してしまうメカニズムです。

集団的精神のなかに入りこめば、人々の知能、従って彼等の個性は消えうせる。異質的なものが同質的なもののなかに埋没してしまう。そして、無意識的性質が支配的になるのである。

このように尋常平凡な性質が共通に存在するということ、これによって、なぜ群衆に高度の知力を要する行為が遂行できないかの理由が説明される。それぞれ専門を異にする優秀な人物たちの会議で採決される一般的利益に関する決議が、愚か者の会合で採択される決議よりも、きわだって優れているというわけではない。実際、この優秀な人物も、すべての人が所有するこれらの凡庸な性質を結合させ得るにすぎない。群衆は、いわば、智慧ではなく凡庸さを積みかさねるのだ。

これは組織の判断や決断に関係する問題です。ル・ボンは普通選挙を否定しましたが、国民は感情や党派心、《祖先伝来の残存物——種族の精神》に突き動かされていくと考えたからです。

幾多の文明は、これまで少数の貴族的な知識人によって創造され、指導されてきたのであって、決して群衆のあずかり知るところではなかった。群衆は、単に破壊力しか持っていない。群衆が支配するときには、必ず混乱の相を呈する。およそ文明というもののうちには、確定した法則や、規律や、本能的状態から理性的状態への移行や、将来に対する先見の明や、高度の教養などが含まれている。これらは、自身の野蛮状態のままに放任されている群衆には、全く及びもつかない条件である。群衆は、もっぱら破壊的な力をもって、あたかも衰弱した肉体や死骸の分解を早めるあの黴菌《ばいきん》のように作用する。文明の屋台骨《やたいぼね》が虫ばまれるとき、群衆がそれを倒してしまう。群衆の役割が現われてくるのは、そのときである。かくて一時は、多数者の盲目的な力が、歴史を動かす唯一の哲理となるのである。

こうした思想を近代人は受け入れないでしょうが、わが国の政治状況を振り返れば、《文明の屋台骨》が黴菌に《虫ばまれる》という表現はしっくりきます。

統率者を求める

群衆は興奮状態のあと、暗示に導かれるようになります。フランス革命においても、ごく普通の労働者が虐殺行為に手を染めました。

野蛮人と同様に、群衆は自己の欲望とその欲望の実現とのあいだに障害の存在するのをゆるさない。多数をたのんで、一種不可抗的な力の感じをおぼえるだけに、いっそうそれをゆるさないのである。群衆中の個人にとっては、およそ不可能という観念は消滅する。

恐らく、群衆は、しばしば犯罪行為を示すことがあろう。しかし、それは、なぜであるか？　それは、凶暴な破壊本能が、われわれ各自の奥底に眠っている原始時代の遺物であるからにすぎない。単独の個人にとっては、この本能を満足させるのは危険かも知れない。ところが、その個人が、責任のない、従って確実に罰をまぬかれることのできる群衆のなかに吸収されると、その本能のままに従う自由が完全に与えられるのである。

人間は徒党を組むと熟慮しなくなり、自分を導いてくれる指導者や行動の指針を示してくれる《思想》を求めるようになります。そしてその《思想》が群衆に受け入れられるようになるには、単純化という過程を経なければなりません。

思想は、極めて単純な形式をおびたのちでなければ、群衆に受けいれられないのであるから、思想が一般に流布《るふ》するようになるには、しばしば最も徹底的な変貌《へんぼう》を受けねばならないのである。やや高級な哲学思想や科学思想にあっては、それが群衆の水準にまで漸次くだって行くには、深刻な変化の必要であることが認められる。この変化は、特に、その群衆の属する種族如何によるのであるが、常に縮小化、単純化の傾向を持つ点では変りないのである。（中略）ある思想が、群衆の水準に達して、群衆を動かすという事実だけで、その高級さ、偉大さが、ほとんどすべて失われてしまうのである。

単純化された思想は、伝播する過程でさらに単純化されます。ル・ボンは《群衆は、心象《イマージュ》によって物事を考える》と言いましたが、そこで影響を持つのが《最も真実らしくない事柄》、インパクトの大きさです。

群衆の意識は、幻想により突き動かされていく。それを利用するのも政治家です。

動物の群にせよ、人間の群にせよ、ある数の生物が集合させられるやいなや、それらは、本能的に、首領、すなわち指導者の権力に服従する。（中略）群衆は、統率者なしにはすまされぬやからの集りである。

指導者は、多くの場合、思想家ではなくて、実行家であり、あまり明晰《めいせき》な頭脳を具《そな》えていないし、またそれを具えることはできないであろう。なぜならば、明晰な頭脳は、概して人を懐疑と非行動へ導くからである。指導者は、特に狂気とすれすれのところにいる興奮した人や、半狂人のなかから輩出する。彼等の擁護する思想や、その追求する目的が、どんなに不条理であろうとも、その確信に対しては、どんな議論の鋭鋒《えいほう》もくじけてしまう。軽蔑も迫害も、かえって指導者をいっそう奮起させるだけである。

ル・ボンの指摘は身もふたもありませんが、現在のわが国に蔓延《はびこ》る《狂気とすれすれのところにいる興奮した人》たちを見ても、うまく言い当てているのは、ル・ボンのほうだと思えます。

『世論と群集』

公衆と群集

フランスの社会学者ガブリエル・タルドは、心理学を重視しながら、近代における社会関係を分析しました。犯罪学者で裁判官でもあったタルドは、『世論と群集』において、近代特有の現象である大衆の病について論じています。タルドはまず「公衆」と「群集」を区別します。

今世紀〈十九世紀〉になってはじめて、どんなに離れたところへでも思想を瞬時に、完全に伝達移送する手段ができ、それによって公衆に、それもあらゆる公衆に、無限のひろがりがあたえられた。この無限のひろがりこ

ガブリエル・タルド
（一八四三～一九〇四年）

フランスの社会学者。ル・ボンの議論を踏まえ、『世論と群集』を出版。群集に代わる「公衆」という概念を提示した。近年ではフランスの哲学者であるジル・ドゥルーズがタルドに注目していた。

そ、公衆を公衆たらしめ、公衆と群集とをはっきり対照《コントラスト》させるものである。

一方、群集は拡大するのが難しい存在です。

群集の指導者が群集の掌握をやめたとき、また群集が指導者の声に耳を傾けなくなったとき、群集はチリヂリになる。（中略）いっぽう公衆は、無限に拡大できる。しかも拡大するにつれて、公衆独自の活動はいよいよ強まるから、公衆こそが未来の社会集団であることは否定できない。印刷、鉄道、電信という、たがいに相補的な三つの発明が結合して、新聞という恐るべき威力が成立した。新聞はいわば、護民官や説教家がもった古代の聴衆席を、けたはずれに膨張させた神業のような電話機である。

拡大しても限界がある群集に対し、近代社会における公衆は無限の広がりを持ちます。それはメディアの力によるものです。タルドの時代においてはそれは「新聞」でしたが、今の時代ならテレビやインターネットもそうでしょう。タルドは新聞を擁護する意見に反論します。

群集の中にひきずりこまれて自己を失った個人にくらべれば、新聞の読者のほうがはるかに精神の自由をふるえる、という反論もあるいはあろう。読者は新聞の内容について、暗黙のうちに熟考できるし、いざとなれば、日ごろの受身な態度をかなぐりすてて、今までの新聞をやめ、自分の気もちにぴったりする新聞、ぴったりするだろうと思われる新聞と取りかえさえする。そこで新聞記者のほうでは、読者の気げんをとり、読者をつなぎとめようと骨おる。購読予約読者数統計の増減は、編集者にとって行動や思想の指針として、目のはなせぬすぐれた寒暖計である。

新聞が公衆を動かすのはそれほど難しいことではありません。なぜなら、公衆はときおり新聞の方針に影響を及ぼすことがありますが、新聞は常に公衆に影響を与えているからです。

読者は、自分の偏見や感情をくすぐる似合いの新聞を見つける。新聞のほうは、御しやすくて軽はずみな読者を勝手気ままにえらび出す。こういう読者は、古代の雄弁家が聴衆の興味をそそるため演説のはじめにつかったマクラをまねて、ちょっとその関心を買うようにすれば、たやすくあやつれる。（中略）ここにこそ新時代の危険が存する。

メディアが世論を生み出す

こうしてメディアによる「専制」が拡大し、統計の技術と電卓が弾き出した数字を背景としたマーケティングとプロパガンダの時代がやってきます。

タルドは憤《いきどお》ります。

新聞の罪は、軽罪はおろか重罪さえも罰しがたい。古代の演説壇や中世の説教壇での犯罪が罰せられなかったように。

（中略）それはともかく、危機的な情勢のときに新聞記者が世論をつくりあげることは、否定できない。政治部なり学芸部なりの指導的記者が二、三人、おなじ旗のもとにすすんで集まれば、どんなにいけない目的でも、成就《じょうじゅ》しないことはない。

メディアは「世論」を生み出します。そして一度公衆が動き出すと、制御できなくなります。

それゆえ、一社会内に共存し混合している公衆は多数で、あい異っているにもかかわらず、いくつかの重要な点では部分的に一致し、いっしょになって一つのおなじ公衆を形づくるようにみえる。この一致は「世論」とよばれ、その政治上の比重はたえず増大する。国家の存続をあやうくする民衆生活の危機的瞬間には、この意見の融和はいちじるしくて、ほとんど完全となる。そしてそのときには、もっともすぐれた意味での社会集団、すなわち国民とても、ほかのすべての集団とおなじく、電報〔ニュース〕を読もうと首を長くして熱望する一団の読者に化してしまう。

じっさい、公衆の興奮がある点まで高まると、その記者たちは、毎日公衆を聴診する習慣だから、たちまちその興奮に気づく。そして公衆は記者たちによって自己を表現するとともに、記者たちによって行動し、みずからの執行機関である政治家たちに、自己の意見をおしつける。これこそ、いわゆる世論の力である。この力はまさに、公衆を行動させた公衆指導者の力を証する。しかしそれだけでなく、ひとたび公衆がたちあがると、指導者たちをも、彼らの予想だにしなかった方向にひきずりこむ。こうして公衆の行動は、その指導者である記者への反作用――しかもときにきわめて危険な反作用となる。そして記者たちは、自分が公衆を挑発してつくりだした圧力の下じきになってしまう。

われわれの時代も同じです。メディアが改革の熱狂に火をつけ、政治の形を歪《ゆが》めてきた結果、メディア自体が大きくぐらつき始めたのです。

借り物の思考に追随

公衆はそのまま世論であり、さらにいえば、世論は最高権威で、犯罪者としても責任をとわれない。公衆の犯罪は、着手されてかつ未遂の状態にあるときだけ、起訴できる。しかも起訴の対象となるのは、犯罪を煽動した記者たちや、公衆からうまれて未遂の犯罪に熱中した群集の指導者たちだけである。公衆自身は捕えられぬまま、黒幕として再起のときを待っている。（中略）代議士が市民の自由や財産や生命にたいして重罪や暴行をくわえたとき、それほど党派的で熱狂的な代議士を選んだ選挙公衆には、はたして責任がないのだろうか？ しかも公衆はそういう代議士たちをしばしば再選して、彼らの汚職の責任まで負っているではないか？ 犯罪者の共犯でないような選挙公衆があろうか？ 選挙に関係なく、みかけは純粋に受動的な公衆も、じっさいには、公衆におもねって言葉たくみにだまそうとする人びとをつかって、行動する。公衆が発生しはじめてこのかた、歴史的な大犯罪が犯されたときには、かならずといっていいほど、兇悪公衆が一枚くわわっている。

バカがバカを支持すればバカな国になります。問題がある政治家を物理的に隔離したとしても一件落着という話にはなりません。なぜなら、その政治家を生み出したのはわれわれの社会であるからです。

新聞が人々の会話を、豊富にすると同時に均一化し、空間的には統一し、時間的には多様化し、その形を変えてしまったことは想像も及ばぬほどである。新聞を読まぬ人たちの会話すらこの例外ではない。自分が読まなくても読む人々と話をとりかわす結果、その借り物の紋切型の思考に追随せざるを得なくなってしまう。百万の舌を動かすには一本のペンでたりる。

(中略)現代では、ヨーロッパのあらゆる国会は、成長しきった新聞のおかげで、世論――もはやただ一つの大都会の世論ではなく国全体の世論――と即時かつ不断の接触を保ち、相互的な作用・反作用の活潑な関係をつづけ、国論の主要な顕現であるとともにまたその刺戟でもあり、散光鏡と集光鏡の役目を同時に果している。

権力批判が大切と言うなら、メディアの犯罪行為に目を背けてはなりません。わが国においては、腐り果てたメディアが腐った世論を生み出し、取り返しがつかなくなったあとで、恥知らずにも社会を論評してみせるのが常態となっています。

『世論』

見たいものしか見ない

ジャーナリズム論の古典『世論』を書いたアメリカの政治評論家ウォルター・リップマンが指摘したように、「人間は見たいものしか見ない」という真理は繰り返されています。

リップマンは言います。

同じように、戦争や政治の熱狂についても、次のことを念頭におけばもっともよく理解できる。いずれの陣営もそのほとんど全員が、自分たちの思い描いている敵の像は絶対だと信じている。つまり、あるがままを事実として受けとめるのではなく、自分たちが事実だと想定し

ウォルター・リップマン
（一八八九〜一九七四年）

アメリカの政治評論家。旺盛な言論活動を行ない、「ステレオタイプ」や「冷戦」という言葉を広めた。『世論』では大衆と民主主義の関係を読み解いた。その分析は今日においても古びていない。

ているものを事実としている。

騙されやすい人間に限って、自分は幅広く社会を観察し、判断を下していると思い込んでいます。危機に乗じては、専門外の人間、素人ほど大きな声を出したりします。もちろん、専門家の意見が常に正しいとは限りません。しかし、素人の判断が専門家より優れていることはもっとありえません。

大衆は判断を間違えます。

なぜか?

リップマンが言うように、《虚構が切実に求められているために、虚構が真実と取り違えられる》からです。

（前略）公共の事柄に対する意見は社会の正常な成員によるものだけではないし、また選挙、宣伝、支持者集団のためには数が力となるものであるから、注意力の質はなおさらに低下する。読み書きのまったくできない人たち、精神薄弱者たち、たいへんに神経質な人たち、栄養不良の人たち、欲求不満の人たちからなる大衆の数は相当に大きい。われわれがふつう想像しているよりもはるかに大きい、と考えても無茶ではない。したがって、幅広い大衆への訴えは、精神的には子どもで、野蛮な人たち、生活が順調でなく困窮している人たち、生命力の使い尽くされた人たち、引きこもっているばかりの人たち、論争中の問題に含まれている要素を一つも経験のなかにとり込んだことのない人たちの間を経めぐる。公共の事柄に対する意見の流れはこうした人たちのところでせきとめられて誤解という小さな渦を作り、そこで偏見とこじつけの類推によって変色させられる。

プロパガンダは、こうした人々の《連想の質》を計算してつくられます。

簡単な説明には要注意

デマゴーグは人々の無知、精神的混乱につけ込みます。

なぜなら、あらゆる種類の複雑な問題について一般公衆に訴えるという行為は、知る機会をもったことのない大多数の人たちをまきこむことによって、知っている人たちからの批判をかわしたいという気持から出ているからである。このような状況下で下される判断は、誰がもっとも大きな声をしているか、あるいはもっともうっとりするような声をしているかによって、また、誰がもっとも巧妙な宣伝家か、あるいはもっとも図々しい宣伝家かによって、また、誰が新聞の最大のスペースにもっとも近い距離にあるかによって決まる。

「ステレオタイプ」という言葉があります。これはリップマンが提唱した概念で、多くの人に浸透している固定観念や思い込みのことです。たとえば国籍・宗教・性別など、特定の属性を持つ人に対して付与される単純化されたイメージがそれに該当します。リップマンはそれぞれの世界観の中で思考停止している人々を描写し、そこから脱出する道を示そうとしました。

われわれはよほど注意していないと、自分たちがよく知っていると認めているもののすべてを、すでに頭の中にあるイメージの助けを借りて映像化する傾向がある。

現実を直視することができないので、判断を拒絶し、自分のイメージの中に逃げ込んでしまう。しかし、世の中は複雑なので、簡単な説明には注意したほうがいい。

リップマンは言います。

彼ら（古い世代の経済学者たち・適菜註）は自分たちがその下で生きている社会組織を説明しようとしたが、言葉であらわすにはあまりにも複雑なものであることに気づいた。そこで彼らは簡単な図式であらわしたいと心から願った。ところができ上ったものは、原理においても正確さにおいても、子どもが描く平行四辺形に足や頭をつけた複雑怪奇な牛の絵とたいして変わらなかった。この図式は、自分の労働者たちから得た資本を勤勉に蓄えてきた資本家、社会的に有用な需要を把握して工場を組織する企業家、自分の労働を結ぶも解くも自由に契約する一群の労働者、地主、そしてすばやく損得勘定をしながら最大の快楽をもたらすとわかった商品をもっとも安い市場で買う消費者の群で構成されていた。このモデルは機能した。このモデルが想定したような人たちは、このモデルが想定したような世界に生活し、このモデルを説明する書物のなかではいつも調和を保ちながら機能していた。

もちろんこれはリップマンの皮肉です。人間は合理的には動きません。だから、人間が合理的に動くことを前提としたタイプの社会科学を現実社会に適用すれば必ず間違えます。概念の世界においてのみ、それは正しく機能します。マルクス主義も同様だとリップマンは言います。

しばしば主張されるようにもし経済的唯物論の理論に妥当性があるなら、それによってわれわれは予言できるようになるだろう。われわれは一国民の経済的利益を分析し、その国民が必然的にしなければならないことが何であるかを推論することができるだろう。マルクスはそれを試みた。そして、トラストについてはうまく当ったにせよ、その後は完全に誤った道を歩んだ。彼の予言に反して、最初の社会主義実験は西欧における資本主義の段階がのぼりつめたところからではなく、東欧の前資本主義体系の崩壊から生じた。

マルクス主義の誤り

彼らが間違った理由は、人々の経済的立場が必然的に経済的利益についてのはっきりした観念を生み出すだろうと考えたからだと、リップマンは言います。

マルクス主義者たちは、自分たち自身がそのはっきりした観念をもっていると考えていた。そして自分たちの知っていることを自分たち以外の人類も学びとるだろうと思っていた。しかしその後の事情を見ると、利益についてのはっきりした観念が自動的にすべての人のなかに生じるようなことは起らないばかりか、マルクスやレーニン自身のなかにさえ生じはしなかったことがわかる。マルクスやレーニンが書いたすべてをもってしても、人類の社会行動はなお不明瞭のままである。

理性と合理により人類の社会行動を把握できるという傲慢さが、近代主義者、つまり左翼の特徴です。

人間性に関する社会主義者の理論は快楽主義者によるものと同様に、誤った決定論の一例である。両理論とも生まれついての諸性質が、必然的にしかし賢明に一定の行動型を生み出すと仮定する。社会主義者は、そうした諸性質が一つの階級の経済利益を追求すると信じている。

人びとは自分たちの利益を追求する。しかし彼らがそれをどのように追求するかは運命的に決められているわけではない。

リップマンは物事を単純化し、固定観念により、世の中を裁断している限り、《自分の人生を限定》し、《自分の意識的努力をゆるめる口実を見つけることにもなる》と指摘しました。

『現代の批判』

情熱のない時代

今の時代にセーレン・キルケゴールを読む人は少数だと思います。一九世紀の実存主義者・キリスト教徒といったい何の関係があるのかと。しかし、漠然とした不安の中に暮らす現代人のメンタリティーは、当時のデンマークとそれほど変わらないようにも見えます。

わけ知り顔で冷笑的ですぐに腹を立てるが、何に対して腹を立てていたのかすら忘れてしまう。その場の刺戟に反応するだけの人生。これはシャンパンの泡のようなものです。キルケゴールは言います。

セーレン・キルケゴール
（一八一三～一八五五年）

デンマークの哲学者、宗教思想家。『不安の概念』『死にいたる病』『キリスト教の修練』などで人間の実存と向き合った。カール・バルトやハイデガー、カール・ヤスパースなどに多大な影響を与えた。

現代は本質的に分別の時代、反省の時代、情熱のない時代であり、束の間の感激に沸き立っても、やがて抜け目なく無感動の状態におさまってしまう時代である。

普通なら、ほんとうの讃嘆というものは、讃嘆者が自分もこの偉人と同じ人間なのだという考えによって高揚され、自分にはあのような偉大なことはやれないのだという観念によって謙虚にされ、この偉人を模範としてできるだけそのお手本にならおうと道徳的に鼓舞されるといったような関係にあるはずなのに、分別というやつが、この場合にもまた讃嘆というもののありかたを一変してしまったわけだ。

祝宴に列して讃嘆の祝杯をあげる人々は、ファンファーレが鳴り響き、万歳を斉唱する声が九たびとどろきわたる瞬間においてさえ、「あいつは讃嘆されているが、あいつのやったことは、なにもそう特別なわけじゃない。この宴会が彼のために催されたのだって、要するにただ偶然なのさ。ここに参加している者ならだれだって、ちょっとばかり練習を積みさえすれば、同じぐらいの芸当はやれるのさ」という、分別のいだくこざかしい考えを頭に浮かべていることだろう。

要するに、讃嘆の祝宴から、感謝の念を強め善行を励まされてこれを土産《みやげ》に持ち帰るかわりに、むしろ乾杯者仲間は、あらゆる病気のうちで最も危険な病気、しかしまた最も高尚でもある病気にかかりやすい傾向を増して家に帰ることだろう。つまり、その病気とは、自分でつまらないと思っているものを宴席で讃嘆することで、こういうことになるのは、すべてが茶番となり、讃嘆の酒杯の触れ合う威勢のいい音のなかに、自分たちだって同じくらい自讃していいんだという黙認がひそかにまじっているからなのだ。

キルケゴールの『現代の批判』はコペンハーゲンの世相を批判したものですが、きっかけになったのはいわゆる「コルサール事件」でした。一八四六年、社会風刺の週刊誌『コルサール』がキルケゴールを嘲弄するくだらない記事を大量に書くようになります。大衆はこうした侮辱に喝采を送り、キルケゴールは街を歩いていても罵声を浴びせられるようになります。キルケゴールはこうした現象の背後にあるものについて考えました。

公衆というやつは実に途方もない怪物のようなもので、国民を全部いっぺんに集めてみても、あの世へ行った霊までも残らずかり出してみても、公衆の数には及ばないほどであるが、しかもそれでいて、ひとりひとりが、あの酔っぱらいの水兵でさえもが、公衆をもっているのであって、原理もそれと同じである。原理というやつも、途方もない怪物みたいなもので、ごくつまらない人間でさえ、ごくつまらない自分の行動にそいつを継ぎ足して、それで自分が無限に偉くなったつもりでいばっていられるといったようなものである。平々凡々たる、取るに足りない人間が「原理のために」いきなり英雄になる。

原理は思考を停止させます。逆に言えば、思考ができないから原理に飛びつくのです。
キルケゴールは言います。

> 革命時代が行動の時代だったのとは逆に、現代は広告の時代であり、なんでもかんでも広告せずにはすまない宣伝の時代である。なにごとも起こってはいないのに、たちまち宣伝がおこなわれる。暴動を起こすなどということは現代では思いもよらないことであろう、そういう力の表示をするのは、現代の打算的な思慮分別には滑稽《こっけい》に思われるのだろう。ところがそのかわり、老練な政治家なら、おそらく、暴動などとはまったく別の、人々をあっと言わせるような演技をやってのけることができるだろう。

キルケゴールは政治問題や宗教問題だけでなく、日常生活や社交においても、なごやかさ、畏敬の念、敬愛の情、機知といったものの価値が見失われてきたと言います。

けれども、情熱のない時代はなんら真の流通価値を所有していない。すべてが代用品の取引きになる。

こうして人のほしがるものは、結局、金銭だということになる。金銭こそ、けっこうな代用品でもあり、抽象物でもあるからだ。

隣人が判断基準

古代においては《下士官や将校や隊長や将軍や英雄》は、それぞれ、自分の権能に比例して全体に支えられ全体を支えながら、有機的に配列されていたとキルケゴールは言います。

昔は、君主や傑出者や卓越者は、それぞれ意見をもっていたが、その他の人々は、自分たちは意見などもとうとも思わないし、もつ力がないのだという、断固とした覚悟をもっていた。ところが今日では、だれでもが意見をもつことができるのだが、しかし意見をもつためには、彼らは数をそろえなければならない。どんなばかげきったことにでも署名が二十五も集まれば、結構それでひとつの意見なのだ。(中略)

世論などというものは非有機的なもの、ひとつの抽象物である。

近代の病とは数値化・抽象による人間性の否定に他なりません。人間を数字・統計で捉えてしまうわけです。水平化された社会では、人数を確保することだけが重要になります。

さらに、この世代は、みずから水平化することを欲し、解放されて革命を起こすことを欲し、権威をくつがえそうと欲して、それがために、社会的連合というスケプシスの掌中におちて、われとわが手で抽象物という手をほどこす術もないような山火事をひき起こしてしまったのだが、そしてまた、この世代は、連合というスケプシスを通じて水平化をおこなって、具体的な個人個人とすべての具体的な有機的機構とを排除してしまって、そのかわりに人類というものを、人間と人間とのあいだの数的な平等性を、手に入れたわけだが、それからまたこの世代は、いかなる卓越者によってても、ほんのわずか卓越した者によってさえも制限されたり妨害されたりすることなく、見渡すかぎりただ「空と海のみ」であるような、あの抽象的な無限性の広大な眺望に、束の間の愉悦をおぼえるのだが、そのときにこそ、仕事が始まる。なぜなら、個人個人が、めいめい別々におのれみずからを助けなければならないからである。

昔の時代とは違って、目の前が少しぐるぐる回りだしたとき、個人はすぐ横にいる傑出者をふり向いて、それで立ち直るというわけには、いまではもうゆかないだろうからである。そういう時代はもう過ぎてしまったのである。個人個人は抽象的な無限性のめまいのなかで滅んでしまうか、それとも、ほんとうの宗教性のなかで無限に救われるか、そのどちらかしかない。多くの人が、多《マ》くの人《マ》が、おそらく絶望の悲鳴をあげることだろう。だがそれがなんの助けになろう。いまはもう手おくれなのだ。かつてはこの世で権能や権力が濫用され、それがみずからの頭上に革命という復讐神《ふくしゅうしん》を招いたのであったが、それは無力者や弱者が自分自身の足で立てもしないのに立とうと欲したため、いまその復讐神をわが身の上に招いているまでなのだ。

大衆の判断基準は隣人です。こうした連中が結合しても、《子供同士が結婚するのと同じように醜く、かつ有害なものとなるだけのことだろう》とキルケゴールは言います。数を確保することにより、強くなったような気がするのは錯覚であり、それは同時に倫理的には一種の弱体化であると。二一世紀のわれわれもこうした近代の病の中にいるのです。

『知識人の生態』

大衆の価値観と距離を置く人

わが国ではほぼ壊滅した保守思想家の最後のあたりに位置するのが西部《にしべ》邁《すすむ》ではないでしょうか。現在、保守を自称している「知識人」は、ほとんどがエセ保守かカルトの類です。

彼らは、自分が「何者」なのかすら理解していない。自分の仕事の意味を確認する作業から逃げなかったのが西部です。

　歴史的な経緯からいえば、知識人の最も古典的なスタイルは英語で「インテレクチュアル」とよばれる人々である。インテレクチュアルというのは、その知識人の能力の及ぶ範囲においてできるだけ広く、知識の全貌を捉

西部邁
（一九三九～二〇一八年）
評論家。東京大学在学中に六〇年安保闘争を主導したのち、旺盛な執筆活動を通じて保守思想を問い直した。著書に『経済倫理学序説』『六〇年安保　センチメンタル・ジャーニー』『保守の真髄』など。

えそして表そうと構えている人々である。しばしば彼らは「哲学者」とよばれたり、「思想家」とよばれたりもする。（中略）

インテレクチュアルは、ギリシャやローマの昔から、社会の少数派として存在しつづけ、また中世の時代にあっては教会や僧院などにおける知識人という形を取ってきたのだが、今世紀（二〇世紀・適菜註）に至ってどうやらインテレクチュアルはこの世からおおよそ姿を消しつつある。

つまり、知識の総体がさまざまに専門化され、そして相互のつながりを絶たれて断片化させられていくにつれ、知識の全貌を捉えるということが極度に困難になり、それゆえインテレクチュアルの営みが至難の活動ということになってしまったのである。

こうした主張は西部だけのものではなく、過去、何度も繰り返されてきました。西部は次のように解説します。

インテレクチュアルの消滅をさらに促したのは、ほかでもない、大衆社会の高揚という今世紀の現実である。大衆とは（中略）知識を総体的に理解したり知識それ自体を懐疑にさらすことを嫌い、軽蔑し、拒否する人々のことをさす。それゆえ、大衆社会化の高まりゆく荒波は、インテレクチュアルをこの世のごく局所的な存在に封じ込めずにはいないのである。

それに取って代わって社会のあらゆる部署に現れてきたのはインテリジェントという種類の知識人である。インテリジェントというのは、知識の総体を理解したり懐疑したりするなりするのではなく、知識をテクノロジカルおよびファンクショナルに操作して、この世に何らかの具体的な影響を与えんと努める人々のことである。

ではかつて存在したインテレクチュアルはどのような存在だったのでしょうか？

それは、比喩的にいえば、村はずれの狂人として村人（一般民衆）から扱われ、また自分自身も村はずれに庵《いおり》を結ぶことに甘んじる、という種類の人々であった。

村人つまり現世的利害のなかに生きている人々は、通常の場合、そうした利害の内部に秘められている精神的・言語的な真実にまで目を届かせようとしないし、またそれをなすことは一般に利害追求の障害とすらなる。それゆえ真正の知識人には、村人と一緒に生活する資格はないとみなされ、村はずれの狂人という位置におかれる。

しかし、村の生活が根本から動揺させられるような異常事態が発生すると、その理由を理解することも解釈することもできない村人たちは、あの村はずれにいる狂人がひょっとしたら混乱や動乱の真実を洞察しているのではないかと期待し、「いったい今起こっている事態は何なのか」と尋ねる。そして、《村はずれの狂人》は、村はずれの場所で世の中を観察し続けることにより得た知見を村人に教えます。

もちろんこれは比喩なので「大衆の価値観と距離を置く人」くらいの意味合いでしょう。彼はその意見が村人に受け入れられればその限りで素直に喜び、受け入れられなければそれを当然のこととして、再び村はずれの庵に帰っていく、それがインテレクチュアル＝真正の知識人の本来の生活であると西部は言います。

ところが、大衆社会の動きのなかで、村はずれの狂人たちは忘れ去られ、ほとんど餓死してしまった。残ったのは似非《えせ》の知識人であるインテリジェントであって、彼らは日々、村人の生活に口をはさみ、それを批評し、その将来に指針を与え、そうした活動の代価として結構の収入を得るということになった。つまりインテリジェントは比較的に高い階層の住民として村のなかにしっかりとその足場を固めたわけだ。

こうして「知識人」は大衆社会の中で堕落していきます。

絶望を感受する

判断を下すためには基準が必要になります。それにより、意味・価値は序列化されます。

それはすでにして、相対主義を超え出ようとしているという意味において、絶対への志向である。もちろんその基準がどのようなものであるかということについては、これまた単一の回答しかないということはありえない。いくつかの基準がそこで仮説されることになるであろう。

しかし、そのいくつかの基準のあいだをさらに序列化するためには、いわば「基準についての基準」を求めなければならない。これもまた、論理的には止むことのない無限の遡及過程なのではあるが、しかし、それが絶対的基準を求める認識過程だということは確かである。この解釈学的循環を正面から引き受けるのが、つまりその過程に「正しく入り込む」のが絶対について考えるということなのである。

では「正しく」とはどういうことなのでしょうか？

> そこで認識者は単独者であることをやめるほかなくなる。意味・価値の序列化において いかなる基準を採用するかに当たって、自分自身をいかに納得させうるか、他者をどれほど説得しうるかということがきわめて重要になる。それを確かめるには、認識者は対話をしなければならない。（中略）
>
> 問題は、こうした認識の基準あるいは基礎を求める会話、議論、討論という社会的な場がどれほど確実な根拠をもっているかということに帰着する。そこまでくると、どうしてもトラディションつまり伝統という概念を持ち出すほかないのである。

そもそも言葉は伝統の基盤の上に成り立っています。《集団のコモンセンス（共通《コモン》の感覚《センス》としての常識）》は、《コモンウェルス（共通の目的で結びつけられた連合体）》の中で醸成されます。

> 問題は、伝統とは具体的に何であるか、国民・庶民の歴史的良識として残されているはずの精神の平衡術とは具体的に何であるか、ということである。
>
> ここでも解釈学的循環が待ち構えている。国民・庶民がさりげなく抱いている伝統の精神が何であるかを具体的に表現するためには、知識人は哲学史、思想史のおおよそすべてに渡って渉猟《しょうりょう》してみせなければならない。しかし、そうした歴史への知的

渉猟が可能になるためには、国民・庶民の伝統の精神が何であるかを表現者は察知していなければならないからである。

このように考えると、伝統の把握というものはいかにも困難な作業であると思われてしまう。

一人の知識人が限られた視野と知識に基づいて伝統を論じている限り、縮退していかざるをえないと西部は言います。

その袋小路のなかで野垂れ死にをするか、もしくはそこで逆襲に転じて伝統は何かということを中心に据えた公共的な討論の場を現代社会のただなかに創設するかという選択が知識人に迫られている。

西部の後半生は、困難を前提とした上で、《事態の絶望ぶりを的確に感受し認識することのできるインテレクチュアル》を少数でもいいから「保守」することでした。

いつのことになるのか私には見当もつかぬが、この少数者が表現のパワーを発揮するときがくるであろう。そのときとは、国民が絶望を共有するのみならず、絶望したままでは生きている意味がないと理解するときである。そういうときがこないとは断言できないのであるから、インテレクチュアルあるいはその候補者は、いわば明朗な虚無主義者として、この虚無と化していく現状を解釈し批評し、それらの言説の向かう先にほんの一条の希望を点《とも》しつづければよいのである。

わが国の現状を見ると、その可能性は低くなっていく一方のように思えて仕方がありません。

『知識人とは何か』

知識人とは何か

「知識人」という言葉にはどこかいかがわしさがあります。そう感じている人は多いと思います。では知識人とは何でしょうか。単なる「物知り」というわけではないでしょう。あらゆる疑問に答えてくれる人、わかりやすい答えを示してくれる便利な存在が、世間的な「知識人」のイメージではないでしょうか。

しかし「何でも語ることができる知識人」と「何でも語ってしまうバカ」は紙一重です。人前で何か気の利いたことを言ってみたくてたまらない、ちやほやされたい、自己承認欲求を満たしたい……。こういうタイプの知識人は、堕落していきます。彼らは、お調子者、うっかり者、恥知らずであるがゆえ

エドワード・W・サイード
（一九三五～二〇〇三年）

アメリカの批評家。イギリス委任統治下のエルサレムに生まれる。『オリエンタリズム』で中東やアジアに対する西洋の言説が植民地主義的であることを暴き、ポストコロニアル論を主導した。

に、中途半端な知識で、聴衆の質に合わせた、月並みな意見を量産するようになります。「語る」ことは自由ですが、「語る」ことに含まれる諸問題に自覚的であることが私がイメージする知識人にあたります。

パレスチナ系アメリカ人で、批評家のエドワード・W・サイードは、知識人の公的役割を《亡命者》《周辺的存在》《アウトサイダー》《アマチュア》《現状の攪乱者《かくらん》》《権力に対して真実を語ろうとする言葉の使い手》と表現しました。それは単なる反権力ではありません。

すなわち、オールターナティヴな可能性を垣間みせる材源を徹底して探しまわり、埋もれた記録を発掘し、忘れられた（あるいは廃棄された）歴史を復活させねばならない。また、このようないとなみを成功させるには、劇的なもの、反抗的なものに敏感に反応するような感性を養い、ただでさえすくない発言の機会を最大限利用し、聴衆の注意を一身にひきつけ、機知とユーモア、それに論争術で敵対者を凌駕《りようが》するよう心がけねばならない。まもるべき砦となる職務もなく、また、まもりを固めて防御すべき縄張りもない知識人には、つねに、不安定で遊牧民的なところがある。それゆえ知識人には、虚飾と尊大な身振りよりも、自己に対する冷笑こそ似つかわしく、言葉を濁すことよりも、ずけずけものをいうことのほうが似つかわしい。

エセ知識人の薄っぺらさは、虚飾と尊大な身振りにより、ある程度は誤魔化せるのかもしれません。彼らは大衆に媚《こ》び、権力に阿ります。サイードが描く知識人像はその対極です。

しかし、そうなると、このような表象行為をつづける知識人には、やむをえないことながら、政府高官とは、お近づきになれないし、彼らから国家的な名誉を授かることもなくなる。これは孤独な、むくわれない生きざまといえば、まさにそのとおりである。けれどもこれは、長いものには巻かれろ式に現状の悲惨を黙認することにくらべたら、いつも、はるかにまともな生きかたなのである。

コメンテーターの対極

サイードは言います。

私的な知識人というものが存在しないのは、あなたが言葉を書きつけ、それを公表するまさにその瞬間、あなたは公的な世界にはいりこんだことになるからだ。しかし、かといって、ただ公的なだけの知識人というものも存在しない。目的なり、運動なり、立場なりの、たんなる表看板、たんなる代弁者、たんなるシンボルとして存在する人間などいないのだ。つねに個人的な曲解があり、私的な感性が存在する。そして、個人的な曲解なり感性が、いま語られつつあることや、書かれつつあることに、意味をあたえるのである。また、聴衆に迎合するだけの知識人というものは、そもそも存在してはならない。知識人の語ることは、総じて、聴衆を困惑させたり、聴衆の気持ちを逆なでしたり、さらには不快であったりすべきなのだ。

こうなると、コメンテーターという職業は、知識人の対極の存在ということになります。広く浅くソフトに大衆の無知に迎合するのがその役割であるからです。

わたしが使う意味でいう知識人とは、その根底において、けっして調停者でもなければコンセンサス形成者でもなく、批判的センスにすべてを賭ける人間である。つまり、安易な公式見解や既成の紋切り型表現をこばむ人間であり、なかんずく権力の側にある者や伝統の側にある者が語ったり、おこなったりしていることを検証もなしに無条件に追認することに対し、どこまでも批判を投げかける人間である。ただたんに受け身のかたちで、だだをこねるのではない。積極的に批判を公的な場で口にするのである。

これは知識人の使命を政府の政策に対する批判者に限定することではない。むしろ、たえず警戒を怠《おこた》らず、生半可な真実や、容認された観念に引導を渡してしまわぬ意志を失わぬことを、知識人の使命と考えるということだ。

こうした意味における反権力、徹底した懐疑は保守主義ともつながります。そもそも近代の権力構造を徹底的に疑う態度のことを「保守主義」と呼ぶのですから。

サイードは言います。

「リマインダー」の役割

ただ、ここでいいたいのは、恐れず問いただすこと、きちんと区別すること、そして、集団的判断や集団的行動に短絡するときに無視されるか黙殺されがちなことを、いま一度記憶に蘇らせるべきだということである。集団や国民的アイデンティティをめぐるコンセンサスに関して、知識人がなすべきは、集団とは、自然なものでも神があたえたものでもなく、構築され、造型され、ときには捏造《ねつぞう》されたものであり、その背後には闘争と征服の歴史が存在するということを、必要とあらばその歴史を表象しつつしめすことなのだ。

（前略）ある場所で学ばれた抑圧についての教訓が、べつの場所や時代において忘れられたり無視されたりするのをくいとめるということである。

人間はすぐにものを忘れます。人間の脳は忘れるようにできているからです。だとしたら、大切なのは思い出す仕組みをつくることです。津波があった場所に碑を建てるのもそうです。

過去の亡霊が復活したとき、どのように対応すればいいのか？

その答えは歴史の中にあります。サイードは、アメリカのイラク侵略、ソ連のアフガニスタン侵攻、インドネシアのティモール人虐殺などを例に出しました。

最初になすべきは、何がおこったのか、なぜそれがおこったのかをみきわめること、それも、それだけを孤立した出来事としてながめるのではなく、徐々に真実を解きあかしてゆく歴史の一部、しかもその枠内に自国民を主人公としてふくんでいる歴史の一部としてとらえることである。擁護者や戦略家や計画立案者によっておこなわれる海外政策の標準的な分析が一面的であるのを免れないのは、状況の分析対象として他国しか考えず、「われわれの」関与とか、「われわれ」の関与によってつくりだされた状況には眼がゆかないからである。

知識人の役割は、記録し、繰り返し過去を《リマインド》させることであり、《安易な公式見解や既成の紋切り型表現》を拒《こば》み、《聴衆を困惑》させ、《気持ちを逆なで》する表現を行なうことです。要するに、大衆に阿らないということです。なぜなら、そこで発生する亀裂こそが、公式見解に抵抗するきっかけをつくるからです。

悪党は悪事の遂行が失敗しても、ひたすらほとぼりが冷めるのを待ち、世の中の人々が忘れた頃に、再び動き出します。われわれの社会にとって最大の敵は《忘却》です。

たとえば安倍晋三批判に対し「いつまで亡くなった人の批判をしているのか」と言うのは、歴史修正主義者の「いつまでナチスの責任を追及するのか」と質的には同じです。

知識人の役割は新しい概念を振り回すことではありません。過ちを繰り返す人間に対し、どこまでも批判を投げかけることです。

『エピクロス 教説と手紙』

臆見を追い払う

「快」を《第一の生まれながらの善》と規定した古代ギリシアの哲学者エピクロスは、ニーチェをはじめ後世に大きな影響を与えています。なお、エピキュリアン（エピクロス主義者）という言葉は、現在では快楽主義者、美食家といった意味合いで使われていますが、エピクロス本人が説明している通り、真の「快」とはそういうものではありません。

それゆえ、快が目的である、とわれわれが言うとき、われわれの意味する快は、――一部の人が、われわれの主張に無知であったり、賛同しなかったり、あるいは、

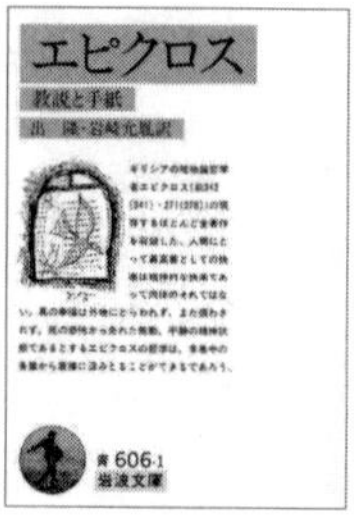

エピクロス
（紀元前三四一頃～前二七〇年頃）
古代ギリシアの哲学者。エピクロス学派の祖。サモス島に生まれ、アテネで学園を開く。苦痛から解放されて心の平穏に至ることを快楽と捉えた。著作はほとんど散逸し、完全な形では残っていない。

誤解したりして考えているのとはちがって、――道楽者の快でもなければ、性的な享楽のうちに存する快でもなく、じつに、肉体において苦しみのないことと霊魂において乱されない（平静である）こととにほかならない。

幸福と祝福は、財産がたくさんあるとか、地位が高いとか、何か権勢だの権力だのがあるとか、こんなことに属するのではなくて、悩みのないこと、感情の穏やかなこと、自然にかなった限度を定める霊魂の状態、こうしたことに属するのである。

欲望は永遠に満たされることはありません。なぜなら、欲望は満たされた途端に次の欲望を生み出すからです。不死を求めれば絶望に陥り、権力を手にすれば嫉妬の対象となり、名声は引きずりおろされます。

いずれの快も、それ自身としては悪いものではない。だが、或る種の快をひき起すものは、かえって、その快の何倍もの煩《わずら》いをわれわれにもたらす。

自然のもたらす富は限られており、また容易に獲得することができる。しかし、むなしい臆見《おっけん》の追い求める富は、限りなく拡がる。

こうしたものに惑わされず、《一切の選択と忌避の原因》を探し出し、《霊魂を捉える極度の動揺の生じるもととなるさまざまな臆見》を追い払うものを、エピクロスは《素面《ネーボーン》の思考《ロギスモス》》と呼びました。

ところで、これらすべての始原であり、しかも最大の善であるのは、思慮である。このゆえに、思慮は知恵の愛求（哲学）よりもなお尊いのである。思慮からこそ、残りの徳のすべては由来しているのであり、かつ、思慮は、思慮ぶかく美しく正しく生きることなしには快く生きることもできず、快く生きることなしには〈思慮ぶかく美しく正しく生きることもできない〉《ママ》と教えるのである。

苦しみを取り除く

エピクロスの追求する「快」は次のようなものです。

けだし、身体の健康と心境の平静こそが祝福ある生の目的だからである。なぜなら、この目的を達するために、つまり、苦しんだり恐怖をいだいたりすることのないために、われわれは全力を尽すのだからである。ひとたびこの目的が達せられると、霊魂の嵐は全くしずまる。そのときにはもはや、生きているものは、何かかれに欠乏しているものを探そうとして歩きまわる必要もなく、霊魂の善と身体の善とを完全に満たしてくれるようなものを何か別に探し求める必要もないのである。なぜなら、快が現に存しないために苦しんでいるときにこそ、われわれは快を必要とするのであり、〈苦しんでいないときには〉われわれはもはや快を必要としないからである。

快の大きさ（量）の限界は、苦しみが全く除き去られることである。およそ快の存するところ、快の存するかぎり、肉体の苦しみもなく、霊魂の悩みもなく、これら二つがいっしょにあることもない。

美食家はいつも不満気です。エピクロスは《ぜいたくを最も必要としない人こそが最も快くぜいたくを楽しむ》と言いました。

質素な風味も、欠乏にもとづく苦しみがことごとく取り除かれれば、ぜいたくな食事と等しい大きさの快をわれわれにもたらし、パンと水も、欠乏している人がそれを口にすれば、最上の快をその人に与えるのである。それゆえ、ぜいたくでない簡素な食事に慣れることは、健康を十全なものとするゆえんでもあり、また、生活上果たさねばならない用務にたいして人間をためらわずに立ち向わせ、われわれがたまにぜいたくな食事に近づく場合に、これを楽しむのにより適した状態にわれわれを置き、また、運にたいして恐怖しないようにするゆえんである。

注意しなければならないのは、エピクロスは「貧困がすばらしい」と言っているわけではなく、衣食住の確保は重視していることです。

質素にも限度がある。その限度を無視する人は、過度のぜいたくのために誤つ人と同じような目にあう。

欠乏しているものを欲するあまり、現にあるものを台無しにしてはならない。現にあるものも、われわれの願い求めているものであることを、考慮せねばならない。

ニーチェへの影響

エピクロスは「神」を利用する人々を批判しました。

しかし、神々は、多くの人々が信じているようなものではない、というのは、多くの人々は、かれらが一方で神々についてもっている考え（神々が至福性と不死性とをもっているという考え）を他方では棄てている（至福性と不死性に不似合いで縁遠い属性をおしつける）からである。そこで、多くの人々の信じている神々を否認する人が不敬虔なのではなく、かえって、多くの人々のいだいている臆見を神々におしつける人が不敬虔なのである。

われわれは、哲学を研究しているように装うべきではなくて、真に哲学を研究すべきである。なぜなら、われわれが必要とするのは、健康であるようにみえるということではなく、真の意味で健康であるということなのであるから。

このあたりは非常にニーチェ的です。というより、ニーチェがエピクロス的なのですが。

ニーチェもまた善悪の問題を快―不快の問題として捉え直しましたが、そこを貫くキーワードは「健康」でした。ニーチェがキリスト教を批判した理由は、それが「生の否定」「不健康」であるからです。

なお、ニーチェはエピクロスについてこう述べます。

> 偽善者の陰謀が、秘密礼拝会の隠密が、地獄とか、負い目なき者の犠牲とか、血を飲むことでの神秘的合体 uniomystica とかいった陰惨な諸概念が、なによりも、ゆっくりと燃えたつ復讐、チャンダラの復讐の業火が——このものがローマを支配して主となった。これは、その先在形態をとっていたときすでにエピクロスが戦ったのと同種類の宗教である。何をエピクロスが攻撃したかを理解するためには、ルクレティウスを読め。それは異教ではなかった、そうではなくて「キリスト教」、言ってみれば、負い目の、罰や不死の概念による魂の頽廃であった。——エピクロスは、地下的な礼拝と、潜在的キリスト教全部と戦った、——不死を否認することは当時でもすでに一つの救済であった。（『反キリスト者』）

なお、『エピクロス 教説と手紙』の解説の一部を補足として引用しておきます。

す。

エピクロスの原子論（atomism）は、倫理学説としては、個人主義（individualism）の形をとることによって一貫する。しかも、個人主義といっても、エピクロスの場合には、デモクリトスの場合に見られるような個人主義――多くの矛盾を蔵しながらも奴隷制民主主義の都市《ポリス》（国家）が存立しており、そこの富裕な商工業階級に属するものとして、市民の個人個人が自立的に活動し、ギリシア全土にもいわばパスポートをもっていたさきの時代における個人主義ではない。それは、すでにマケドニアの制圧のもとにギリシア諸都市《ポリス》が自由と独立を永久に失ってしまった時期、各市民が、広大なヘレニズムの世界に――いわば各原子が、広大な空虚中に投げ出されているように――ほうり出されて、それぞれ自ら寄る辺のない孤独者であると感じとったヘレニズム時代における個人主義である。

エピクロスの哲学は、アトムに分解された二一世紀のわれわれの問題に直接つながります。

第四章

全体主義との戦い

『法の精神』

権力への警戒

保守主義について考える上で重要なのが、フランスの哲学者シャルル＝ルイ・ド・モンテスキューです。保守は権力を警戒します。人間理性を信仰していないからです。よって、権力を分散させるための制度を重視します。

モンテスキューは言います。

> 私は、自分の原理を、けっしておのれの偏見からひき出してはいない。私はそれを事物の本性から導き出したのである。

シャルル＝ルイ・ド・モンテスキュー
（一六八九〜一七五五年）

フランスの哲学者。『ペルシア人の手紙』でフランスの政治と社会を痛烈に批判し、注目を浴びた。『法の精神』はアメリカ合衆国憲法などに影響を与えた。

モンテスキューは演繹《えんえき》により導き出されるような《真理》としてではなく、《事物の本性》、自然における《関係》の中に法の精神を見出そうとしました。

しかしながら、知的世界は、物質的世界と同じようによく支配されているとはとてもいえない。なぜかというと、知的世界も法をもち、その法はその本性からして不変であるとはいっても、知的世界は、物質的世界がその法にしたがうようには、恒常的にその法にしたがわないからである。

また、法の精神は、地域や政体により、あらわれ方が異なってきます。

それらは、国土の自然条件、気候の寒冷、暑熱、温暖、国土の地味、位置、大きさ、民族の生活様式――農耕民であるか、狩猟民であるか、遊牧民であるか――と関連したものでなければならない。それらは、政体の許容しうる自由の度合、住民の宗教、その性向、富、数、交渉、風俗、習慣と見合うものでなければならない。最後に法律は、それらの相互間の関係をもつ。法律は、それら自体の起源、立法者の意図、それが制定された基礎となる事物の秩序と関係している。法は、まさにこれらすべて

> の観点において考察されねばならない。

政体は腐敗する

モンテスキューは統治形態を共和制、君主制、専制の三つに分けます。このうち共和制には、人民全体が主権を持つ民主制と、一部が主権を持つ貴族制が含まれます。

> その本性を見いだすには、もっとも教育のない人々が、それらについてもつ観念で十分である。私は、三つの定義、というよりも事実を思い浮かべている。第一に、共和政体とは、人民全体、あるいはたんに人民の一部が主権をもつ政体であり、第二に、君主政体とは、唯一人が、しかし定まった制定法に則して統治する政体であり、第三に、これに反して、専制政体においては、唯一人が、法も準則もなく、おのれの意志と気まぐれにより、すべてをひきまわす。
>
> これが、私のいう各政体の本性である。この本性から直接に結果するところの、したがって、第一の基本法であるところの法が、なんであるかを見なければならない。

それぞれの政体は、それぞれの原理により腐敗します。

各政体の腐敗は、ほとんどつねに原理の腐敗に始まる。

共和制には古代ポリスが典型であるように《自己放棄》《法と祖国への愛》という意味での《徳性》が必要になります。しかし、それを維持するのは難しいとモンテスキューは指摘します。また、共和制では人民が法に従わずにその望むことを行っていることを《自由》と呼ぶことで、《人民の自由》と《人民の権力》との混同が生じやすい。よって、《人民の権力》もまた制御されなければならないとモンテスキューは言います。

民主制の原理は、人々が平等の精神を失うときのみならず、極度の平等の精神をもち、各人が自分を支配するために選んだ者と平等たろうと欲するときにも腐敗する。そうなると人民は、自分が委任した権力すら我慢できず、元老院に代わって審議し、執政官に代わって執行し、全裁判官を罷免し、なにもかも自分自身でやろうとする。共和国にはもはや徳性は存在しえない。人民は執政官の職能を行なおうと望む。だから執政官はもう尊敬されない。元老院の審議はもう重みをもたない。そこで人々は元老院議員にもはや敬意を示さず、したがって老人にも敬意をはらわない。(中略)もはや習俗はなく、秩序への愛もなく、ついには徳性もないであろう。

貴族制は、貴族の権力が恣意的となるときに腐敗する。支配する者にも、支配される者にも、徳性は存在しえなくなる。

民主制と貴族制は、その本性からしてけっして自由な国家ではない。政治的自由は穏和政体にしか見いだせない。しかし、それは、穏和国家にはつねにあるというのではない。それは、権力の濫用されぬときにしか存在しない。だが、権力をもつ者はすべて、それを濫用する傾向があることは、永遠の体験である。彼は限界を見いだすところまで進む。だれが知ろう、徳性さえもが限界を必要とするのだ。

人が権力を濫用しえないためには、事物の配列によって、権力が権力を阻止するのでなければならぬ。国家構造は、何人も法の強制しないことを行なうよう強制されず、また、法の許すことを行なわないように強制されることのない、そのようなものでありうる。

権力の集中は地獄を生む

モンテスキューは専制を論外と切り捨てました。

専制政体の原理は、その本性からして腐敗しているから、たえず腐敗する。他の政体が滅亡するのは、偶然の事件がその原理を破るからである。ところが専制政体は、なにか偶然的な原因がその原理の腐敗を妨げなければ、その内的な悪により滅亡してしまう。したがって、それが維持されるのは、ただ風土や宗教、環境、人民の天分などからひき出される諸条件が結びついて、それがこの政体をして、なんらかの秩序に従わせ、なんらかの規制に耐えることを強制するときのみである。

モンテスキューが肯定的に論じたのは君主制です。なぜなら、君主政体は、《君主の下にその国制に根ざすいくつかの身分があるのがその本性であるから》です。君主制には従属的、依存的な中間権力が存在します。

もっとも自然な従属的中間権力は、貴族の権力である。貴族身分は、いわば君主制の本質のなかにはいりこんでおり、君主なくして貴族なく、貴族なくして君主なし、が君主制の基本的な格率である。貴族なくしては、専制君主が出現する。

もちろん君主制も腐敗します。

人民が、元老院、行政官、裁判官からその機能を奪いとるとき民主制が滅亡するのと同様に、君主制は、国王がしだいに諸団体の特権や都市の特権を奪うとき腐敗する。前者においては、それは万人の専制にいたり、後者においては、ただひとりの専制にいたる。

アレクシ・ド・トクヴィルにも大きな影響を与えたモンテスキューは、権力の集中が地獄を生み出すことを正確に見抜いていました。

各国家には三種類の権力がある。立法権、万民法に属することがらの執行権、および市民法に属することがらの執行権である。（中略）われわれは最後のものを裁判権と呼び、他の一つをたんに国家の執行権と呼ぶであろう。

一市民にあっての政治的自由とは、各人が自己の安全について抱く意見に由来するあの精神の安静である。そして、この自由をもちうるには、一市民が他の市民をおそれることのありえないような政体でなければならない。

同一人、または同一の執政官団体の掌中に立法権と執行権が結合されているときには、自由はない。なぜなら、同じ君主あるいは同じ元老院が暴政的な法律を定め、それを暴政的に執行するおそれがありうるからである。

裁判権が、立法権と執行権から分離されていないときにもまた、自由はない。もしそれが、立法権に結合されていれば、市民の生命と自由を支配する権力は恣意的であろう。なぜならば、裁判官が立法者なのだから。もしそれが執行権に結合されていれば、裁判官は圧制者の力をもちうることになろう。

（中略）これら三つの権力、すなわち法律を定める権力、公共の決定を実行する権力、罪や私人間の係争を裁く権力を行使するならば、すべては失われるであろう。

わが国では「私は立法府の長」という趣旨の発言を国会で四回もした狂人が総理大臣をやっていましたが、モンテスキューの議論は、現在の腐り果てた政治に対する警告のように聞こえます。

『アメリカのデモクラシー』

新しい形の隷属

　トクヴィルは、民主主義と平等化が「新しい形の専制」、すなわち全体主義を生み出すことを予言しました。トクヴィルという天才の見えすぎる目は、現在の日本の状況までを正確に捉えているようにも思えます。トクヴィルは、近代人は前近代的な拘束を断ち切って自由になったつもりでいるが、近代の平等社会において《大多数のものの一般意思》に縛られるようになったと指摘します。

　市民が互いに平等で似たものになるにつれて、ある特定の人間、ある特定の階級を盲目的に信ずる傾向は減少

アレクシ・ド・トクヴィル
（一八〇五～一八五九年）
フランスの政治思想家、法律家、裁判官、政治家。建国後まもないアメリカを旅行し、『アメリカのデモクラシー』を執筆。平等主義が新しい形の専制につながる危険性を説く。

する。市民全体を信用する気分が増大し、ますます世論が世の中を動かすようになる。平等は人を同胞市民の一人一人から独立させるが、その同じ平等が人間を孤立させ、最大多数の力に対して無防備にする。

そして、私の見るところ、ある種の法の下では、デモクラシーは民主的な社会状態の促進する精神的自由の火を消してしまい、その結果、かつて階級や人間が押し付けていた拘束をすべて断ち切った人間精神が、今度は大多数のものの一般意思に進んで自分を固く縛りつけることになるのではなかろうか。

もし、民主的諸国民が個人の理性の羽ばたきをこれまで妨げ、あるいは過度に遅らせてきたありとあらゆる力の代わりに、多数者の絶対的な力を置き換えたのであれば、害悪の性格が変わっただけのことであろう。人間が自立した生き方を見出したことにはならない。厄介なことに、隷属の新しい形を発見しただけであろう。

民主主義社会では永続的に革命が発生します。平等化が進行すると、そのこと自体により不平等が目立つようになり、羨望と嫉妬によりさらなる平等化が進められる。近代化により階層社会やギルド、村落共同体が崩壊した結果、社会的紐帯《ちゅうたい》は消滅し、孤立した個人は《群集の中に姿を没し、人民全体の壮大な像のほか、何も見えなくなる》。これこそが、「徹底した自己喪失」という現象です。近代人は格差に耐えられなくなり、無制限に拡大した欲望は永遠に満たされなくなりました。こうした不安に支配された人々、すなわち大衆は「強いリーダー」を求めるようになります。

今日の民主的諸国民の下に専制がうちたてられることがあるとすれば、それは別の性質をもつだろうと思われる。それはより広がり、より穏やかであろう。そして人々を苦しめることなく堕落させるであろう。

私はだから、民主的諸国民が今日その脅威にさらされている圧政の種類は、これに先行して世界に存在したなにものとも似ていないだろうと思う。われわれの同時代の人々はそのイメージを記憶の中に探しても見出せまい。私自身、それについての観念を正確に再現し、形にして収める表現を求めても得られない。専制や暴政という古い言葉は適切でない。ものは新しい。これを名づけ得ぬ以上、その定義を試みねばならない。

専制がこの世界に生まれることがあるとすれば、それはどのような特徴の下に生じるかを想像してみよう。私の目に浮かぶのは、数え切れないほど多くの似通って平等な人々が矮小で俗っぽい快楽を胸いっぱいに想い描き、これを得ようと休みなく動きまわる光景である。誰もが自分にひきこもり、他のすべての人々の運命にほとんど関わりをもたない。彼にとっては子供たちと特別の友人だけが人類のすべてである。残りの同胞市民はというと、彼はたしかにその側にいるが、彼らを見ることはない。人々と接触しても、その存在を感じない。自分自身の中だけ、自分のためにのみ存在し、家族はまだあるとしても、祖国はもはやないといってよい。

中間組織が失われれば、個人と統治権力が直結します。こうして発生した巨大な《後見的権力》は、人々の享楽を保障し、人々が永遠に子供のままでいることを求めます。

市民が楽しむことしか考えない限り、人が娯楽に興ずることは権力にとって望ましい。権力は市民の幸福のために喜んで働くが、その唯一の代理人、単独の裁定者であらんとする。

強烈な自治の伝統

トクヴィルは言います。

境遇が平等な国民に絶対的専制的政府を樹立することはそうでない国民に比べて容易だと思う。そしてそのような国民の下に一度そうした政府が立てられると、その政府は人々を抑圧するだけでなく、長い間には一人一人から人間の主要な属性のいくつかを奪おうとするであろう。私はそう考えている。

専制はだから民主的な世紀には特別恐るべきもののように思われる。

私はどんな時代になっても自由を愛すると思うが、われわれの今の時代には、これを賛嘆したい気分に傾く。

近代とは人間を個に分断する働きのことでした。だから、近代の病に立ち向かうためには人間を結びつけることが重要だとトクヴィルは言ったのです。

したがって、専制の産み出す害悪はまさしく平等の助長する害悪である。この二つはある有害な形で相補い、手を貸しあう。

平等は人と人とをつなぐ共通の絆なしに人間を横並びにおく。専制はその間に垣根を築いて、人と人とを分断する。平等は仲間のことを忘れさせ、専制は無関心をある種の公徳に仕立て上げる。

ところが、民主的な国民にあっては、市民は誰もが独立し、同時に無力である。一人ではほとんど何をなす力もなく、誰一人として仲間を強制して自分に協力させることはできそうにない。彼らはだから、自由に援《たす》け合う術を学ばぬ限り、誰もが無力に陥る。

民主的な国に住む人々が政治的目的のために団体をつくる権利と趣味をもたないとすれば、彼らの独立は大きな危険にさらされるであろう。

市民の一人一人が弱体化し、その結果自由を単独で保持することが不可能になるにつれて、これを守るために仲間と手を結ぶ術を各人が学ばないとすれば、暴政は平等とともに必然的にその力を増すであろう。

近代の構造上、復古は不可能です。

したがって、問題は貴族社会を再建することではなく、神がわれわれを住まわせたまう民主社会の中から自由を引き出すことである。

民主的国民を率いる中央権力が活動的で強力であることは必要であり、望ましいことでもある。これを弱くし、怠惰にすべきではなく、ただ権力がその機敏な行動力を乱用することを妨げるのが課題なのである。

それが緩衝材としての「中間団体」であり宗教です。

トクヴィルは《人間は信仰をもたないならば隷属を免れず、自由であるならば、宗教を信じる必要がある》と言いました。これは宗教が利己主義を抑制するからです。

それ（平等・適菜註）はまた人々の心を度外れなほど物質的享楽に向かわせる。

宗教の最大の利点はこれと正反対の本能を吹き込むところにある。人間の欲求の対象を現世の幸福の外、その上におかない宗教はなく、人間の魂を感覚の世界よりはるか上にある場所へ自然に高めない宗教もない。それ以上に、人間一人一人に人類に対するなんらかの義務、人類とともにあるべき義務を課さない宗教はなく、どんな宗教もそれによって各人を自分だけへの思いから時には引き離すのである。

権力にすべてを委ねるのではなく、自発的に社会に関与していく。このような強烈な自治の伝統が、人々の孤立を防ぎ、公的なものを守っていることを、トクヴィルは当時のアメリカ社会の中に見出したのです。

『大衆運動』

大衆運動の共通点

大衆は近代の産物です。よって近代に対する警戒を怠らない保守思想家は大衆の分析を行なってきました。アメリカの社会哲学者エリック・ホッファーもまた大衆運動に共通する特徴について考察しています。

> どのような大衆運動でも、運動の支持者のうちに自分の生命までも捧げようとする覚悟と、統一行動を求める傾向を生み出すものである。大衆運動においてどのような教義が教え込まれるかにかかわらず、さらにどのような綱領が提起されるかにかかわらず、つねに狂信と熱狂

エリック・ホッファー
（一九〇二～一九八三年）

アメリカの社会哲学者。正規の学校教育を受けず、港湾の荷役仕事を続けながら思索に取り組み、「沖仲仕《おきなかし》の哲学者」と呼ばれた。著書に『大衆運動』『波止場日記』『現代という時代の気質』など。

と熱烈な希望と憎悪と不寛容とが育まれる。そしてすべての大衆運動は人生の特定の領域において激しい活動の流れを生み出すことができるのであり、どのような運動もその参加者に対して盲目的な信仰と一途な忠誠を求めるのである。

ではなぜそのようなものを信じてしまうのでしょうか？

わたしたちのうちには、自分の存在を形づくる力を、自分の外部にみいだそうとする傾向がある。というのもわたしたちの心のうちには、自分の成功も失敗も、わたしたちを取り囲む事物の状態に結びついていると考える傾向があるからである。だからこそ欲望が満たされたと感じている人々はその原因が外部の世界の好ましさにあると考え、外部の世界をそのままで維持しようとするのであり、他方で欲求不満を抱く人々は、外部の世界を根本的に変えることを望むのである。

現状に不満を抱えている人は社会の変化を望みます。しかし、それはすぐには政治運動につながらないとホッファーは言います。恐怖に支配された人々は、その境遇がみじめなものであっても、変革を求めず《自分に馴染みの確固とした生き方》にしがみつく傾向があるからです。大衆を動かすのは《未来に対する信仰》です。

ところが法外な希望というものは、現実の力に裏づけられていない場合にも、きわめて無鉄砲な勇気を生み出しやすいのである。希望というものは、スローガンや言葉やバッジのように、権力の源泉としてはきわめて奇妙なものからも、強さを汲み出すことができるのである。

一つの国や世界を変革しようとする人々は、たんに人々の不満を掻き立ててそれをまとめ上げるだけでは、あるいはこれから生み出そうとする変革が妥当で望ましいものであることを証明するだけでは、そして人々に新しい生き方を強制するだけでは、その目的を実現することができないものである。そのためには法外な希望に火をつけ、それを煽り立てる方法を知っていなければならない。

未来に対する信仰は、変化を受け入れやすくします。彼らは《向こう見ずな姿勢》を示し、現状を破壊して、新しい世界をつくり出そうとします。

それがたとえ未来への信仰に燃えた知識人であろうと、必死に土地を手に入れようとしている農民であろうと、一攫千金《いっかくせんきん》を夢見ている投機者であろうと、真面目な商人や生産業者であろうと、普通の労働者であろうと、高貴な貴族であろうと、荒々しい野望にとらわれている人であれば、誰でも同じように振る舞うのである。だから特権に恵まれた人が革命を起こすことも、特権を与えられていない人が革命を起こすこともあるのである。

服従したいという熱意

大衆運動は欲求不満を持つ人々に《緊密に結びつけられた集合的な組織》で新しい生活を送る機会を与えます。彼らはそこで誇りと自信を取り戻すことができる。《聖なる大義》に対する信仰は、自信喪失の埋め合わせになるとホッファーは言います。

自らが卓越した人物であると主張する根拠がないと考えれば考えるほど、人は自分の国や宗教や人種や聖なる大義が卓越したものであると主張するようになる。

わたしたちは自分から目を逸らすために、隣人のことを気にかけたり、隣人を攻撃したりするのである。
よって運動の種類は関係ないということになります。

ヒトラー以前のドイツにおいては、向こう見ずな若者たちが共産党に参加するかナチスに参加するかは、その場まかせのことが多かった。人口過剰な帝政ロシアにおいて、現状に耐えられなくなって暴発寸前のユダヤ人は、革命運動に参加するか、「パレスチナにユダヤ人国家を建設することを目指す」シオニズム運動に参加するかのどちらかを選ぶ覚悟ができていた。

フランス革命、ナチズム、ファシズムにおいても、現状を否定したい人々に新しい世界観が呈示されました。

ドイツの現代史もまた、団体の緊密な結びつきと、大衆運動に魅惑されがちな傾向との関係の興味深い実例を示してくれる。ヴィルヘルム二世統治下のドイツにおいては、真の意味での革命運動が勃興する可能性はほとんどなかった。その当時のドイツ人は中央集権的で権威主義的な皇帝《カイザー》の支配体制に満足していたのであり、第一次世界大戦における敗北も、国民のこのような満足を損ねることはなかった。一九一八年のドイツ革命は、人民からの支援のない不自然な事件であった。この革命につづくワイマール憲法体制の時代は、多くのドイツ人にとっては欲求不満を抱かせられる苛立たしい時代となった。

わが国においても、大阪で維新の会という大衆運動が発生しました。そこでは大阪「都構想」により、大阪が都になるという詐欺のスキームが使われましたが、実際には住民投票で賛成票が反対票を上回っても、「大阪都」になることはなく、大阪市が解体され特別区に分割されるだけでした。当然、大阪市民は自治を失い、財源や権限の多くは維新の会により流用されることになります。

維新の会による数々の犯罪や嘘、デマ、詐欺について具体的に指摘しても、支持者に影響がないのは、彼らにとって現実は重要ではないからです。

大衆運動の活動においては、ほかのどのような要素よりも虚構が永続的な役割を果たすだろう。信仰が失われて他者を説得したり強制したりする権力が失われたあとでも、虚構というものは残るものである。大衆運動が行列やパレードや儀式やセレモニーを演じるときには、すべての人の心の琴線に触れることができる。どれほど冷静な人でも、大規模で印象的な見世物を目にすると感動するものである。こうした見世物の参加者も観客も、心を弾ませて興奮のうちにわれを失ってしまうのである。

忠実な信奉者たちは、見るに値しない事実や聞くに値しない事実に対して「目を閉じ、耳を塞ぐ」能力をそなえているのであり、この能力こそが信奉者たちの類いまれな忍耐力と思想的な堅固さの源泉なのである。運動の信奉者たちは危険によって怯えることも、障害によって気力を奪われることも、反論によって困惑することもありえない。というのも彼らはそうしたものが存在することそのものを否定するからである。

煽動者は社会に蔓延《まんえん》する悪意、不平、不満、ルサンチマンに火をつけます。また、既得権益を持つ公務員、共産党といった「共通の敵」をでっち上げることで、結束力を高め、運動を拡大していきます。これらはナチスの手法と同じです。

ヒトラーは反ユダヤ主義を利用してドイツ人を統一させただけではなく、ユダヤ人を憎んでいる諸国、すなわちポーランド、ルーマニア、ハンガリー、そして最後にはフランスの確固とした抵抗の意志を弱めたのである。ヒトラーは共産主義への憎悪も同じような形で利用したのだった。

大衆運動が興隆する際には、指導者の役割が重要であると考えられているが、指導者だけの力では運動を興隆させうる条件を作り出せないのは明らかである。指導者は、何もないところから運動を呼び出すことはできないのである。参加者の側に、追従し服従したいという熱意と、現在の状態についての強い不満が存在してこそ初めて、運動も指導者も出現することができる。

要するに、成熟を拒否した大衆が維新の会のような集団を増長させたのです。

『自由からの逃走』

自由の拒絶

ドイツの社会心理学者エーリッヒ・フロムは端的に言います。

自由は近代人に独立と合理性とをあたえたが、一方個人を孤独におとしいれ、そのため個人を不安な無力なものにした。この孤独はたえがたいものである。かれは自由の重荷からのがれて新しい依存と従属を求めるか、あるいは人間の独自性と個性とにもとづいた積極的な自由の完全な実現に進むかの二者択一に迫られる。

近代人の二つの類型については、タームは異なるものの多

エーリッヒ・フロム
（一九〇〇～一九八〇年）

ドイツの社会心理学者。自由であるがゆえに孤独であるという近代人の深層に迫り、逃避メカニズムとしてのナチズムを分析。著書に『自由からの逃走』『愛するということ』『悪について』など。

くの思想家がほぼ同じことを述べています。すでに述べたようにオークショットは《個人》と《反―個人》《できそこないの個人》を、オルテガは《進んで困難と義務を負わんとする人々》と《浮標のような人々》、すなわち大衆を対比させました。

近代化により社会構造が変化します。人間は、教会の支配、絶対主義国家の支配から自由になりました。そして、外的な支配を廃止することで「自由」を実現したと思い込みます。しかし、その後拡大していったのは、「自由の拒絶」という現象でした。

われわれはドイツにおける数百万のひとびとが、かれらの父祖たちが自由のために戦ったと同じような熱心さで、自由をすててしまったこと、自由を求めるかわりに、自由からのがれる道をさがしたこと、他の数百万は無関心なひとびとであり、自由を、そのために戦い、そのために死ぬほどの価値あるものとは信じていなかったこと、などを認めざるをえないようになった。

ドイツではナチズムという形で近代の病があらわれました。それは市民社会の中から発生し、多くの人々が自発的に加担、あるいは服従しました。

フロムはこう説明します。

動物は本能で動くので、それに従うだけである。一方、人間は行動方針を選択しなければならない。しかし、判断の責任を引き受ける人間はそう多くはない。人々は判断の自由を手に入れるかわりに、不安に脅かされるようになったと。

近代においては前近代的な共同体はすでに破壊されているので、人々にかつて安定を与えてくれた絆を取り戻すことは不可能になっています。こうして自由はやがて《耐えがたい重荷》に、そして《疑惑そのもの》になっていきます。

ナチズムのための心理的な準備

中世の人間は孤独ではなかったとフロムは言います。彼らは生まれたときからすでに明確な固定した地位を持っていたからです。そこでは、人生の意味を疑う余地はありませんでした。人間はその社会的役割と一致していました。社会的秩序は自然的秩序と同じものと考えられ、そこで役割を果たせば、安定感と帰属感が与えられました。

しかし、西欧に新しいメンタリティーが発生します。その根源をフロムはプロテスタンティズムと資本主義の中に見出します。

すなわち資本主義は個人を解放したということである。資本主義は人間を協同的組

> 織の編成から解放し、自分自身の足で立って、みずからの運命を試みることを可能にした。人間は自己の運命の主人となり、危険も勝利もすべて自己のものとなった。個人の努力によって、成功することも経済的に独立することも可能になった。金が人間を平等にし、家柄や階級よりも強力なものとなった。

資本主義により人間の精神世界は急拡大します。一方、そこで手に入れた自由を扱い切れなかった人々は、人生の意味を見失ってしまいます。この孤独と無力感は、プロテスタンティズムと関係があるとフロムは指摘します。

> こうして、ルッターはひとびとを教会の権威から解放したが、一方では、ひとびとをさらに専制的な権威に服従させた。すなわち神にである。神はその救済のための本質的条件として、人間の完全な服従と、自我の滅却とを要求した。ルッターの「信仰」は、自己を放棄することによって愛されることを確信することであった。それは国家とか「指導者」にたいし、個人の絶対的な服従を要求する原理と、多くの共通点をもつ解決方法である。
>
> ルッターが権威を恐れ、また権威を愛したことは、かれの政治的信念にもあらわれ

ている。かれは教会の権威に反抗し、新しい有産階級——その一部は聖職者の階層制度における上層階級であった——にたいしては憤りにみち、また農民の革命的な傾向をある点までは支持していたが、しかもかれは皇帝という世俗的権威にたいする服従を、熱心に要請していたのである。

カルヴァンの予定説には、ここではっきりと指摘しておくべき一つの意味が含まれている。というのは、予定説はもっともいきいきとした形で、ナチのイデオロギーのうちに復活したからである。すなわちそれは人間の根本的な不平等という原理である。カルヴァンにとっては二種類の人間が存在する。——すなわち救われる人間と永劫の罰にさだめられている人間とである。この運命はかれらの生まれてくる以前に決定され、この世におけるどのような行為によっても、それを変化させることはできないというのであるから、人間の平等は原則的に否定される。人間は不平等に作られている。この原理はまた、人間のあいだにどのような連帯性もないことを意味している。というのは、人間の連帯性にとって、もっとも強力な基盤となる一つの要素が否定されているからである。すなわち人間の運命の平等である。カルヴィニストはまったく素朴に、自分たちは選ばれたものであり、他のものはすべて神によって罰に決定された人間であると考えた。この信仰が心理的には、他の人間にたいする深い軽蔑と憎悪をあらわすことは明らかである。

このようにして、マルティン・ルターとジャン・カルヴァンはナチズムに心理的な準備を与えたとフロムは言います。すなわちそれは、自分自身の存在が無意味であると感ずることと、自分の目的ではない目的のために、ひたすら自己の生活を従属させようと用意することとであると。

プロテスタンティズムは、おびやかされ、くつがえされ、孤独につき落された人間が、みずからを新しい世界へと方向づけ、新しい世界と関係を結ばなければならないと望んだ欲求にたいする解答であった。経済的社会的変化から由来し、宗教的原理によってさらに強化された新しい性格構造が、こんどは逆に、社会的経済的な発展をさらにおし進める重要な要素となった。このような性格構造に根ざしていたそれらの性質——仕事への衝動、節約しようとする情熱、たやすく超個人的な目的のための道具となろうとする傾向、禁欲主義、義務の強制的意識——こそが、資本主義社会の生産的な力となった性格特性であり、それなしには、近代の経済的社会的発達は考えられない。

指導者への隷属

フロムは、個人は神の前に一人で立たされると、圧倒感に襲われ、完全な服従によって救済を求めざるをえなくなると言います。現代においても、逃避の主要な社会的通路はファシスト国家で発生したような指導者への隷属であり、また民主主義国家に広く行き渡っている強制的な画一性であると。

すべての権威主義的思考に共通の特質は、人生が、自分自身やかれの関心や、かれの希望をこえた力によって決定されているという確信である。残されたただ一つの幸福は、この力に服従することにある。

すなわち、かれは文化的な鋳型によってあたえられるパースナリティを、完全に受けいれる。そして他のすべてのひとびととまったく同じような、また他のひとびとがかれに期待するような状態になりきってしまう。「私」と外界との矛盾は消失し、それと同時に、孤独や無力を恐れる意識も消える。

こうして人々は価値判断を止めてしまいます。そして、《同調の道具としての、常識や世論》《匿名の権威》に無条件に従い、一種の自動機械のようなものになっていきます。

無力と懐疑は共に人生を麻痺させます。そして人々は生きるために、自由を憎み、逃避しようとします。全体主義は近代人の不安とそれに呼応する形で《興奮を約束し、個人の生活に意味と秩序とを確実に与えると思われる政治的機構やシンボル》を提示する勢力の相互作用により拡大するのです。

『フランクフルト学派』

ホルクハイマーの思想

保守が近代の理想の負の側面を警戒する態度のことであるとしたら、それを警告してきた思想の流れを知る必要があります。ここではドイツの思想家テオドーア・W・アドルノとマックス・ホルクハイマーによる『啓蒙の弁証法』を取り上げようと思いましたが、非常に難解な上、引用しながら説明するという作業に最も向いていない書物でもあるので、本書『フランクフルト学派』によりホルクハイマーの思想を中心に紹介することにしました。

彼らの多くはユダヤ系です。そして、近代西洋文明がなぜ野蛮に行きついたのかについて考えました。細見《ほそみ》は言います。

細見和之
（一九六二年〜）

詩人、京都大学大学院教授。専門はドイツ思想。著書に『アドルノ――非同一性の哲学』『言葉の岸』『ベンヤミン「言語一般および人間の言語について」を読む――言葉と語りえぬもの』など。

すでに名前をあげたテオドーア・W・アドルノ（哲学、美学）はもとより、マックス・ホルクハイマー（社会哲学）、エーリヒ・フロム（社会心理学）、ヴァルター・ベンヤミン（文芸批評）、フリートリヒ・ポロック（経済学）、ヘルベルト・マルクーゼ（哲学）、レオ・レーヴェンタール（文芸社会学）、フランツ・ノイマン（政治学）など、じつに多彩な顔ぶれです。いま、名前とともに中心的な活動分野を括弧書きしましたが、元来は多様な領域にまたがって仕事をしたひとびとですので、あくまで便宜的なものと考えていただきたいと思います（後略）。

彼らはフランクフルトに設立された社会研究所を拠点に一九三〇年前後から活動を始めます。彼らが「フランクフルト学派」と呼ばれるようになったのは戦後になってからです。その共通項は、西洋文明を様々な角度から批判的に検討する姿勢でした。

一九三〇年代にドイツで「ユダヤ系」の人間として生きているということは、のちにはガス室に送られる側の立場にあることを意味していました。もちろん、彼らが最初からホロコーストを予見していたというのではありません。（中略）しかし、ユダヤ人排斥を政策の筆頭に掲げるヒトラーが勢力を伸ばし、一九三三年一月に合法的に政権を獲得すると、活動拠点であった社会研究所は閉鎖され、研究所ともども彼らは亡命の道を選ばざるをえませんでした。

彼らは、マルクスとジークムント・フロイトの思想の発展統合を試みます。フロムもそうです。

マルクスは経済的な状況（下部構造）が人間の意識や文化（上部構造）を規定すると繰り返し主張しています。しかしその際、具体的にどのような形でその「規定」がなされるのか、踏み込んだ分析をマルクスはしていません。その点で、精神分析が個人の発達過程にそくして提示した人間理解は大きな寄与を果たしうる、とフロムは考えたのです。また、個人が最初にイデオロギーを身につけるうえで家庭はとても重要な位置を占めています。この点からも、父─母─子という関係をつうじて自我や意識の形成過程の解明に取り組んだ精神分析は、マルクスの思想を豊かにしうると考えられます。これ以降、フランクフルト学派の研究のなかでファシズムを支える基盤となる諸個人の「権威主義的性格」の解明が大きなテーマとなりますが、それもこのフロムの論考によって方向が示されたものと言えます。

伝統的理論と批判的理論

社会研究所の中心人物はホルクハイマーです。

ホルクハイマーによれば、デカルトを典型とする伝統的理論は、命題を矛盾なく整合的に提示することを、自らの真理の証《あかし》とします。その点で、デカルトから二〇世紀のフッサールにいたるまで、基本的に同一である、と彼は見なします。（中略）その理論のなかに矛盾が存在することは、その理論の致命的な過ちと見なされます。その一点において、自然科学も、人間や社会を対象とする人文科学も異ならず、伝統的理論を体現していると彼は考えます。

ホルクハイマーが《伝統的理論》に対照させたのが《批判的理論》です。

また、伝統的理論の前提となっているのは、主観と客観の分離を前提とした二元論です。伝統的理論においては、客観は所与の形で主観の認識に先立って存在していて、それを主観が正確に受容することで認識が成立すると考えられます。もちろん、自然科学はさまざまな実験によって客体に働きかけ介入するわけですが、実験をする人間の側と実験される対象はあくまで別物です。たとえば、心理学的な実験や観察をつうじて、人間が人間を対象としている場合であっても、実験や観察を行なう人間が主体であるのに対して、実験や観察の対象となっている人間はあくまで客体として構成されています。（中略）

このような伝統的理論は総じて、現存している社会のあり方を所与として受け入れることによって、じつはその社会のあり方をイデオロギー的に支えている。それがホルクハイマーの考える伝統的理論の究極の姿です。

伝統的理論と対照させるならば、批判的理論は命題が矛盾をもたないことを理論の真理の証とはしません。むしろ、自らが矛盾に貫かれた社会のなかに置かれていること、さらには自らの理論自体がそういう矛盾に満ちた社会の産物であることを徹底的に意識化します。

マルクスは人間の五感のひとつひとつが人類の歴史の労作であると鋭く指摘していますが、私たちがいま置かれている現実・社会のあり方もまた、長い歴史のなかで形づくられてきたものです。その社会のもつ矛盾を意識化したものが批判的理論であるかぎり、それは矛盾に貫かれた社会の自己意識という位置にあることになります。そして、批判的理論が矛盾に貫かれた社会の自己意識であるとき、その理論はもはや、伝統的理論が依拠していた主体と客体の二元論のうちにとどまることはできません。むしろ批判的理論にとって、社会は理論の客体であるとともに主体でもあるからです。

啓蒙に内在する問題

ホルクハイマーが《批判的理論》のモデルとしたのはマルクスの経済学批判でした。

マルクスの経済学批判は、既存の経済学の個々の理論への批判に尽きるものではなく、何よりも、既存の経済学が前提としていた、利子、地代、剰余価値、貨幣などを、根本から疑うものでした。利子、地代、剰余価値、貨幣などは、一定の社会的条件のもとで成立したものに過ぎません。にもかかわらず、既存の経済学はそれらを永遠不変のものと見なしていました。マルクスの批判はまずもってそのような前提に対する批判であって、そういうものが廃棄される社会を力強く展望したものでした。ホルクハイマーの批判的理論もまた、社会変革をつうじて、理論の前提そのものの変容可能性を射程に入れつつ、そういう前提を最終的には廃棄しうる社会を展望したものです。

こうしたホルクハイマーの批判精神は、やがてアドルノと組むようになり、深みを増し、批判の対象はマルクスにも及びます。西欧ではファシズムが拡大し、一九三九年八月、ナチスドイツとソ連が不可侵条約を締結します。

こういう事態の進展のなかで、ホルクハイマーは「権威主義的国家」という概念を打ち出しました。それは権威主義的な個人に支えられた、巨大な官僚機構です。

およそ頭のなかで何ごとかを「思考」しているかぎり、つまり、最低限の自由を行使しているかぎり、誰もが収容所送りになってもおかしくないような国家――。フランス革命以来、世界史の歩みはこのような権威主義的国家をめざしていたとされ、マルクス主義的な革命も、それが世界史の進展を促進させるものであるかぎり、このような権威主義的国家に行き着くことはまぬがれない、とホルクハイマーは主張します。

ホルクハイマーは、第一次世界大戦後の敗北にいたったドイツ革命の記憶を想起しながら、「権威主義的国家」のなかでこう記しています。「搾取の終焉《しゅうえん》とは、進歩を加速させることではもはやなく、進歩から飛躍することである」

ふたたびこの一節は、進歩という立場への批判として読まれねばなりません。搾取の終焉は世界史の進歩の果てに訪れるのではなく、そういう世界史の歩みそのものと訣別《けつべつ》するときにこそ訪れる、ということです。

西洋文明が野蛮に落ち込んだのは、文明からの逸脱ではなく、啓蒙あるいは文明化に内在する問題ではないかと思考を進めたのがホルクハイマーとアドルノの『啓蒙の弁証法』です。その刃は、野蛮を排除しようとする理性にも向けられています。

『マクドナルド化する社会』

ウェーバーの合理化理論

アメリカの社会学者ジョージ・リッツアが書いた『マクドナルド化する社会』は、徹底した合理化が非合理を呼び寄せ、近代が人間の否定に行きつく構造を描いています。キーワードになるのが《マクドナルド化》です。

マクドナルド化とは、「ファーストフード・レストランの諸原理がアメリカ社会のみならず世界の国々の、ますます多くの部門で優勢を占めるようになる過程」を意味している。

ジョージ・リッツア
（一九四〇年〜）

アメリカの社会学者。著書『マクドナルド化する社会』では、ファストフード店に象徴される経営理念や合理化が、世界中で環境や健康の破壊、非人間的な関係形成などの不合理をもたらすと指摘。

マクドナルドモデルが多くの人間を引きつける要因は四つあるとリッツアは言います。第一は効率性です。

消費者にとって、マクドナルドは空腹から満腹へ移動するために利用できる最良の方法を提供している。

第二は計算可能性です。

すなわち販売商品の量的側面（分量と費用）、および提供されるサービス（商品を手にするまでにかかる時間）をもっとも重視する。

第三は予測可能性です。

それは、マクドナルドが提供する商品とサービスがいつでも、どこでも同一であるという保証である。

第四は《人間技能の人間によらない技術体系への置き換えという制御》です。マクドナルドのシステムは、機械化・マニュアル化・ルーティン化されています。しかし、たかがファストフードのビジネスモデルが、なぜ人間の否定につながるのでしょうか。その鍵は、ドイツの社会学者マックス・ウェーバーの「官僚制」という概念にあります。

官僚制についての彼の考えは、広範囲にわたる合理化過程の理論に組み込まれている。この理論のなかでウェーバーは、いかにして欧米がしだいに合理的になっていったか――つまり効率性と予測可能性と計算可能性と人びとを制御する人間によらない技術体系によって支配されていったか――を記述している。

リッツアの「マクドナルド化」はウェーバーの合理化理論を拡張させたものです。

ウェーバーは、その研究のなかで、近代西欧世界が特有な合理性を生みだしてきたことを論証した。いろんな時代、そしてすべての社会において多様な形態の合理性が存在した。しかし、ウェーバーが形式合理性と呼んだ類型はそれまでどこにも存在したことがない。

形式合理性とはいかなるものであるか。ウェーバーによれば、形式合理性とは、与えられた目的に対して最適な手段を探ることが、規則や規定やより大きな社会構造によって共有されていることを意味する。ある目標を手に入れるための最良の手段を探るさいに、個人は自分で工夫を凝らす裁量をもっていない。

要するに、近代人に染みついている行動原理です。リッツアはこうした認識のもと、政治、教育、医療、レクリエーションといった様々な領域に、「合理性」が侵食し、「逃げ場」がなくなっていることを指摘します。

ウェーバーは、官僚制の形式合理的システムに内生する非合理性に関心をもっていたが、彼はまた「合理性の鉄の檻」に非常に強い関心をいだいていた。ウェーバーの見解によれば、官僚制は人びとを囚え、人間性の基本を否定するという意味で檻なのである。ウェーバーがもっとも怖れていたのは、これらの制度がますます合理的になっていき、合理性の原理が加速的に急増していく社会の諸部門を支配していくに違いないということであった。ウェーバーは、人間社会がひとつながりの合理的構造に包み込まれてしまい、人びとはある合理的システムから別の合理的システムへ移動していくにすぎなくなると予測した。そうなってしまうと、人びとは合理化された教育制度から合理化された職場へ、合理化されたレクリエーション施設から合理化された家庭へと移動することになる。社会はつなぎ目のない合理化された構造のネット状でしかなくなるだろう。そうなると逃げ場はないのだ。

脱人間化の原理

リッツアはシステムが成立すると、人間の力では制御できなくなると指摘します。

人間の行動は、いったん制御されると機械的な行動に変わり始める。そして、ひとたび人間が機械のように行動しはじめると、人間は、いとも簡単にロボットなど本物の機械にとって代わられる。

マクドナルド化は人間の技能を人間によらない技術に置き換えることにより、一層高い効率性、計算可能性、予測可能性、制御をもたらしましたが、それはやがて指導者を含むすべての人を管理する非人間的システム（「鉄の檻」）になっていきます。

人間による人間の管理は非効率ですが、人間によらない技術体系での制御は簡単です。よって資本はそれを選択します。マクドナルド化は脱人間化の原理です。その例として、リッツアはナチスのホロコーストをあげます。

ホロコーストは、近代的な社会工学の一つの事例とみなすことができる。近代的な社会工学の目標は、完全に合理的な社会の生産であった。ナチスにとって、この完璧な社会は（ジプシー、ゲイ、レズビアン、障害者とともに）ユダヤ人抜きでなければならなかった。

ホロコーストは、合理性（そしてマクドナルド化）の基本的特徴をすべて備えていた。第一に、それは大量の人間を破壊するための効率的なメカニズムであった。たとえば、銃弾が非効率的であることは初期の実験が示していた。ナチスは人びとを破壊するもっとも効率的な手段として最終的に毒ガスにたどり着いたのである。またナチスは、自分たちでやらねばならない多くの作業（たとえば次の犠牲者グループを選ぶこと）を遂行するのにユダヤ人コミュニティの成員を使うことが効率的であることを発見した。それをするのが「合理的」であると思われた（仲間やあるいは自分自身を助けられるかもしれなかった）ために、多くのユダヤ人が合理化されたシステムに協力したのである。

ホロコーストは短時間で何人の人を殺せるかといった計算可能性を強調し、大量虐殺を予測可能なものにしようとする動きがあったとリッツアは指摘します。

最後に犠牲者たちは、収容所や列車システム、焼却装置、そしてその過程全体を管理する官僚制を含む巨大な非人間的技術体系によって管理されたのである。

いうまでもなく、ホロコーストは合理性の非合理性の極致――さらにはっきりいえば脱人間化の極限――を表わしている。このような機械的方法で結局のところ数百万におよぶ人びとを殺戮《さつりく》すること以上に非人間的なことが他にあるわけがない。さらに、殺戮者たちは、なによりも犠牲者たちを脱人間化、つまり「一連の数量的尺度に置き換え」ねばならなかった。

近代の根幹にあるのは人間の数値化という発想です。人間は等価になり、計算・統計の対象になっていく。つまりナチスの蛮行は、前近代的な野蛮の復活などではなく、近代の延長線上にあるものでした。

マックス・ウェーバーは、つまるところ物質的、あるいはより正確にいうならば経済的利害こそが資本主義社会における合理化を駆動する、と論じた。利潤を追求する企業はマクドナルド化を徹底して求める。マクドナルド化はより低い費用とより高い収益をもたらすからだ。

こうした傾向はあらゆるものをマクドナルド化していきます。熟練労働者の技はルーティン作業へ変換され、高度な技術の伝達が不可能になっていきます。大阪ではマクドナルド化した政治集団を中心にナチスばりの大衆運動が発生しました。

マクドナルド化を非合理的、そして究極的には非理性的であると考える主要な理由は、それが反人間的、もしくは人間にとって破壊的でありさえする脱人間化システムになる傾向があるからである。

『一九八四年』

歴史の改竄

　イギリスの作家ジョージ・オーウェルが『一九八四年』で描いた究極のディストピアは二一世紀のわが国において現実化したようです。国の基幹統計「建設工事受注動態統計」を国土交通省が無断で書き換えて二重計上していた問題もありましたが、二重計上が行なわれた八年分の大半は、書き換え前の数値を復元するのが困難とのこと。調査票自体が書き換えられた上、書き換え前の調査票の写しが残っていないからです。

　つまり、国家の「記憶」が消されたわけです。

『一九八四年』の主人公である役人ウィンストンの仕事は、歴史の改竄《かいざん》です。「党」にとって都合が悪い過去の事実を抹消

ジョージ・オーウェル
（一九〇三〜一九五〇年）

イギリスの作家。イギリス植民地時代のインドで生まれた。スターリン体制を戯画化した『動物農場』を出版し、ベストセラーになった。このテーマをさらに追求し、『一九八四年』として出版した。

し、新たに歴史を捏造する。その目的は「党」に反する思考自体を不可能にすることです。

《タイムズ》のどの号にしろ、必要であるということになった訂正文が全部集められて照合されると、ただちにその号が再発行され、元の号は廃棄処分となる。そしてその代わりに訂正版がファイルに綴《と》じられるのである。この間断ない改変作業の対象は新聞だけに留まらない。それは、書籍、定期刊行物、パンフレット、ポスター、ちらし、映画、サウンドトラック、漫画、写真類から、政治的な或いはイデオロギー上の意味を含んでいるかもしれないと危惧されるあらゆる種類の文献、文書にまで及んでいた。日ごとに、そして分刻みといった具合で、過去は現在の情況に合致するように変えられる。

安倍政権下においては、事実は党の都合により書き換えられていました。野党が安倍の発言の矛盾を指摘すると、政府は過去の答弁のほうを修正。先述した安倍の「私は立法府の長」というバカ発言も議事録では「行政府の長」に修正されています。

このようにして、党の発表した予言は例外なく文書記録によって正しかったことが示され得るのであり、また、どんな報道記事も論説も、現下の必要と矛盾する場合には、記録に残されることは決して許されない。歴史は、書かれた文字を消してその上に別の文を書ける羊皮紙《ようひし》さながら、最初の文をきれいにこそぎ落として重ね書きするという作業が必要なだけ何度でもできるのだった。一度この作業が済んでしまうと、文書変造が行なわれたことを立証することはどうにも不可能だろう。

国交省だけではありません。森友学園事件における財務省の公文書改竄、南スーダンPKOにおける防衛省の日報隠蔽《いんぺい》、裁量労働制における厚生労働省のデータ捏造……。公文書は国家の記憶であり、その根幹です。それが捏造されるなら、日本は存在しないということになります。

「事実」は意味を持たない

党の方針に疑問を抱いたウィンストンはこう考えます。

しかし実際のところ（中略）それは偽造ですらない。一片のナンセンスを別のナンセンスと差し替えるだけのこと。処理している素材の過半は、現実世界に存在するものと何の関係もない、あからさまな嘘にも含まれている類《たぐい》の関係すら持っていない。統計にしたところで、修正された数字が幻想だというなら、元々の数字もまた同様に幻想なのだ。たいていの場合、修正は自らの創意工夫《そういくふう》で行なうことが要求されている。例えば、潤沢省の予想では四半期のブーツの生産高は一億四千五百万足という見積もりだった。実際の生産高は六千二百万足であると発表された。しかしウィンストンは予想の数字を書き直すに当たって、五千七百万足に数値を下げた。生産高が予定割当て量を上回ったといういつもながらの主張がなされるのを見越してのことだ。いずれにしろ六千二百万としたところで、五千七百万と同様、いや一億四千五百万にも劣らず、真実からほど遠いのである。

数字を捏造する国家では「事実」は意味を持ちません。事実と嘘の境界も曖昧になります。SNSなどでは「安倍晋三が国会でついた嘘は一一八回」という文章が流れていましたが、明らかにミスリードです。これは「桜を見る会」事件の前夜祭に限定して、さらには二〇一九年一一月〜二〇年三月のわずかな間についた嘘の数にすぎません（衆院調査局調べ）。要するに氷山の一角。安倍が国会でついた嘘は膨大な数にのぼります。

要するに、デマゴーグがわが国の政治を蝕《むしば》んでいたのです。

かれらはアリと同じ、小さなものは見えるが大きなものは見えないのだ。そして記憶がおぼつかなくなり、文字記録が偽造されるとき――それが現実のものとなったとき、人間の生活条件はよくなってきたという党の主張を受け容れるしかなくなる。その真偽を確かめるために参照すべき基準が存在しないし、二度と存在する可能性すらないのだから。

言葉の破壊

わが国においては「保守」を自称する「正論」「Hanada」「WiLL」といった情弱向け愛国ビジネス雑誌が率先して、国賊を支持し、国家や社会の破壊に日々勤しんできました。全体主義の兆候は言葉の破壊としてあらわれます。

『一九八四年』の世界では、言葉の破壊活動が継続的に行なわれています。それにより人間は思考することができなくなるからです。

たとえば強制収容所を《歓喜収容所》と言い換える。平和省は戦争を維持し、豊富省は国民から搾取し、真理省は歴史を改竄し、愛情省は尋問と拷問を行なう。

《戦争は平和なり》

《自由は隷従《れいじゅう》なり》

《無知は力なり》

これが党のスローガンです。

語彙《ごい》の削減、意味の反転、略語の作成、イメージの置き換え……。わが国においても、移民は「外国人材」、家族の破壊は「女性の活用」、不平等条約のＴＰＰ（環太平洋パートナーシップ協定）は「国家百年の計」、南スーダンの戦闘は「衝突」、米軍機の墜落は「不時着」といった言葉で誤魔化されてきました。

フランス革命後の政治状況においては、自由の名のもとに自由の抑圧が、社会正義と人権の名のもとに大量殺戮が行なわれました。ナチスやソ連の独裁体制下においても、戦略的に言葉の言い換えが行なわれています。

こうした異常さは破綻《はたん》を迎えない限り拡大します。なぜなら、プロパガンダにより、それを異常と感じない人間が増えていくからです。

ある意味では、党の世界観の押し付けはそれを理解できない人々の場合にもっとも成功していると言えた。どれほど現実をないがしろにしようが、かれらにならそれを受け容れさせることができるのだ。かれらは自分たちがどれほどひどい理不尽《りふじん》なことを要求されているのかを十分に理解せず、また、現実に何が起こっているのかに気づくほど社会の出来事に強い関心を持ってもいないからだ。理解力を欠いていることによって、かれらは正気でいられる。かれらはただひたすらすべてを鵜呑《うの》みにするが、鵜呑みにされたものはかれらに害を及ぼさない。なぜなら鵜呑みにされたものは体内に有害なものを何も残さないからで、それは小麦の一粒が消化されないまま小鳥の身体を素通りするのと同じなのだ。

こうした人々によって、悪政は維持されます。

「身からでたさび」

『責任と判断』所収

聴衆が要求するもの

「身からでたさび」は、ドイツ出身のユダヤ人哲学者ハンナ・アレントの生涯の最後の年、一九七五年に行なわれた講演の記録です。『人間の条件』『全体主義の起原』『革命について』といった代表作ではなく、この講演を取り上げた理由は、当時のアメリカと現在の日本の状況が瓜二つであることを示すためです。

アレントはアメリカ合衆国の建国二〇〇年に際し、ウォーターゲート事件、ベトナム戦争の敗戦、中東での蹉跌《さてつ》、核兵器の拡散など、アメリカの衰退の兆候を例にあげます。

わたしたちは、一つの時代を画する歴史の決定的な転

ハンナ・アレント
（一九〇六～一九七五年）
ドイツ出身の哲学者。ナチスの迫害から逃れるためにアメリカに亡命。『人間の条件』で現代精神の危機的状況を考察。著書に『全体主義の起原』『過去と未来の間』『革命について』など。

換点に立ちあっているのかもしれません。わたしたちはこの時代をともに生きながらも、日々の生活の容赦ない要求を満たしつづけねばならず、時代と時代を画する線をまたいでも、そのことにほとんど気づかないものなのです。時代を画する線が、過去をもはや取り戻すことのできない過去として遮断する壁としてそびえるようになったあとで、人々は初めてこの線に躓《つまず》くようになるのです。

こうした〈壁〉に文字を書くことがあまりに恐ろしいことに思える歴史的な瞬間には、多くの人々は絶えず配慮を求める日常的な生活の安心さに逃げ込むのです。

しかしその《安心さ》も危うくなってきました。二〇〇年前に確立されたアメリカの自由の制度は、歴史的に見れば例外的なものであり、アメリカ建国の父たちの《思考、発言、行動の異例なまでの質の高さ》を再確認すれば、今（一九七五年）との《恐ろしいほどの距離》を自覚せざるをえなくなるとアレントは言います。

第一次世界大戦や第二次世界大戦の勃発の原因については、多数の理論が提示されているが、それらは多くの制約を受けている。聴衆が要求するのは、その理論がもっともらしく、理性的に受け入れられるものであると。

人間は信じられないものは信じられないのです。

ベトナム戦争の狂乱のうちのパニックのような終焉《しゅうえん》を目撃していた多くの人は、テレビで見たものを「信じられない」と考えたと思います。そして実際にこれは「信じられない」ものでした。（中略）根深い原因についてのすべての思索は、現実の時代の衝撃から、ありうることだと思われ、合理的な人間が可能であると考えられることで説明できるものへと戻っていくのです。こうしたもっともらしさに異議を唱える人々、悪しき便りをもたらす人々、「事態をありのままに語る」ことにこだわる人々は決して歓迎されず、ときには許してもらえないものなのです。そしてみかけには、「深い」原因を隠すという性質があるとすると、こうした隠れた原因についての思索は、事態の真のありかた、事実のむき出しの残酷さを隠して、わたしたちに忘れさせるという性質があるのです。

現実は解釈により変形させられ、様々な要因により覆い隠されます。では、この場合、《むき出し》の事実とはどういうものだったのでしょうか？

宣伝とマーケティング

消費社会の背後にあるのは《進歩という教義》だとアレントは言います。それは人間にとって望ましいからではなく、前に進むこと自体が目的になっています。浪費をやめれば、それは滅亡を意味します。

こうした社会では、生産より消費に、そして宣伝・マーケティングに力が入れられます。それが政治の世界を侵食するようになったとアレントは指摘します。

『国防総省秘密文書』は、「世界の超大国が、実現してもどんな価値があるのかがそもそも疑問とされる問題をめぐって、小国を服従させるために必死に努力する一方で、毎週のように数千人の非戦闘員を殺害したり、重傷を負わせたりしているという状況」を詳細に示しています。

この状況は、ロバート・マクナマラ国防長官の慎重に選んだ表現では、たしかに「好ましいものではない」のです。この秘密文書はまた、高潔であるとも、理性的であるとも言えない国防総省という組織を導いているのは、アメリカ合衆国が実際に「地上で最高の権力」であることを世界に納得させるようなイメージを作りだそうとする方針だけであることを、うんざりするほど繰り返しながら、疑問の余地なく証明しているのです。

《この破壊的で恐ろしい戦争の究極の目的》は権力や利益、アジアにおける影響力といった現実的なものではなく、領土を拡張し併合するという帝国主義的なものでもなく、《イメージ》そのものだったとアレントは言います。実際、敗北後も《優れた知的人材の総力》をあげて、敗北を認めることを回避し、《地上で最高の権力》が無傷であるというイメージを保とうとしました。

軍事問題に関する嘘は、防衛のために正当と見なされてきました。それは異例な状況において少数の人間だけに深く守られてきた特権でした。しかし、イメージづくりに関する嘘は、《軍と文官を問わず、すべての政府サービスのあらゆるランクの人々》の間で広まったとアレントは言います。

「索敵撃滅」部隊のいいかげんな敵の死体数の発表、手心を加えた空軍の損害報告、マーティン南ベトナム大使がヘリコプターで退避する瞬間まで作成しつづけた政府への報告書(いつでも事態が順調に進展していることを報告するものでした)。こうした嘘は敵からも味方からも、秘密を隠そうとするものではありませんでした、それを目的としてもいませんでした。これは議会を操作し、アメリカ合衆国の国民を説得するための嘘だったのです。

すなわち「地上で最強の大国」の政府を乗っ取ることに成功したのは、詐欺師の一団であり、才能のないマフィアのような人々だったのです。

今の日本の状況と同じです。

過去は過ぎ去っていない

リチャード・ニクソン政権の犯罪は、ナチズムやスターリニズムのような全体主義と直接比較はできないが、それでも類似したところがあるとアレントは言います。

ニクソンの取り巻きには、親しい仲間の内部サークルに属さず、大統領から個人的に選ばれたわけではないのに、最後までニクソンから離れなかった人々がいること、これらの人々はホワイトハウス内部の「恐ろしい物語」を熟知していたのであり、大統領に操作されたりしていなかったのは明らかだったのです。ニクソン大統領がこうした人々を決して信用しなかったのはたしかですが、疑問なのはこれらの人々が大統領を信用することができたのはどうしてかということです。（中略）ヒトラーやスターリンの側近となり、支えた人々についても、同じ不愉快な疑問を呈することができますし、こちらのほうがさらに根拠のある問いでしょう。

こうした犯罪的な権力者を支援していた人々が犯罪活動の共犯者となったのは、法の適用から寛恕《かんじょ》され、法を超えた存在となるという保証がほしかったからだろうとアレントは言います。わが国においては、広島の大規模買収事件で逮捕された元法務大臣の河井克行《かわいかつゆき》が、法相に就任した際、知人に「法務・検察の上に立った。もう何があっても大丈夫だ」と語っていたと報道されています。

全体主義の政府が発見したことの一つに、巨大な穴を掘って、そこに歓迎できない事実と出来事を放り込んで埋めてしまうという方法があります。

だとしたら、それに抵抗するには「忘れない」ことです。そして、記録し、何度も思い出すことです。

わたしはフォークナーとともに「過去は死なない、過ぎ去ってさえいない」と語りたいと思います。その理由は単純で、わたしたちが生きている世界は、いかなる瞬間においても過去の世界だからです。この世界は善きにつけ悪しきにつけ、人間が作りあげてきた記念物と遺物で作られているのです。世界の事実は、起きたことなのです（ラテン語では事実《ファクトゥム》は、作られる《フィエリー》という語を語源としているのです）。ですから過去がわたしたちにつきまとうというのは正しいことなのです。いまを生き、現実の世界を、今となったこの世界を生きようと願うわたしたちにつきまとうのが、過去の機能なのです。

「真の個人主義と偽の個人主義」

『市場・知識・自由』所収

政治用語の混乱

わが国には自由主義者であるフリードリヒ・アウグスト・フォン・ハイエクを保守主義者だと誤認する人もいますが、ハイエク自身が著書『自由の条件』の補論「なぜわたくしは保守主義者ではないのか」で述べている通り、それは間違いです。

一方、国家権力、ナショナリズムを警戒する立場としては、自由主義は保守主義とつながる要素もあります。わが国は知的劣化が甚《はなは》だしいので、「権力に迎合するのが保守」というわけのわからない状況になっていますが、権力批判は保守の本質です。

ハイエクは「真の個人主義と偽の個人主義」でトクヴィルの

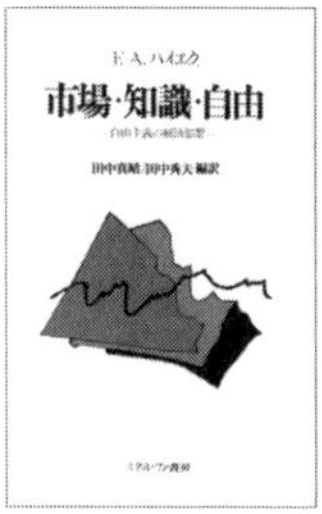

フリードリヒ・A・ハイエク
（一八九九〜一九九二年）
ウィーン生まれのイギリスの経済学者。「秩序のもとにおける自由」を標榜したが、新自由主義の象徴的人物とされることも多い。

言葉を引用します。

《一八世紀と革命とから、あたかもひとつの源泉からのように二つの流れが湧き出た。第一の流れは人間を自由の制度へ導いたのに対して、第二の流れは人間を絶対権力へ導いた。》前者と後者を混同すれば、深刻な誤解を引き起こします。

この点に関して、「個人主義」は政治用語のうちでも最もひどい受難者である。「個人主義」はその反対者たちによって歪められて、似もつかぬ戯画にされた（後略）。

ハイエクは《真の個人主義》の流れとしてジョン・ロック、バーナード・デ・マンデヴィル、デイヴィッド・ヒューム、ジョサイア・タッカー、アダム・ファガースン、スミス、バークといった名前をあげ、一九世紀において《この世紀の最大の歴史家および政治哲学者たる》トクヴィルとジョン・アクトンにおいて完全に表現されたと言います。一方、《偽の個人主義》の系譜としては、デカルト、ジェレミ・ベンサム、ジャン＝ジャック・ルソーなどをあげました。

その誤解というのは、個人主義というものは社会に在ることによって本質と性格が全面的に規定される人間から出立しないで、孤立した個人、あるいは自給自足的個人の存在を前提する（あるいは、そのような個人を想定して議論する）のだという思いこみである。（中略）しかし個人主義の基本的な主張はそれとはまるで違っている。個人主義の主張は、他人に向けられかつ他人の予期される行動によって規制される諸個人の行為をわれわれが理解することを通す以外には、社会現象の理解への道はない、というのである。

《人間のさまざまな偉業の土台をなす制度の多くが、設計し指令する知性なしに生成しかつ機能しているのを発見すること》《自由な人びとの自然発生的な協力は個々人の知性が完全には理解できないほどの偉大な事物をしばしば創りだすこと》といった《真の個人主義》の主張に目を向けよとハイエクは言います。

真の個人主義は自然発生的な社会的産物の形成を説きあかすと主張することのできる唯ひとつの理論である。そして設計理論は、社会的過程が個人の人間理性の統制に従属させられるときにかぎって人間の諸目的に役立つようにされうる、という結論に必然的に至りつく、したがって直接に社会主義に導くのに対して、真の個人主義はそれとは反対に、人間は自由にしておかれると、個人の人間理性が設計しあるいは予見しうる以上のことをしばしば成しとげると信じる。

緩衝材としての中間団体

ハイエクは主張の根拠を示します。

その知的事実とは、ひとりの人間の知識と関心の構造的な限界性である。すなわち、ひとりの人間は社会全体のちっぽけな部分以上のことを知りえないという事実、したがってかれの動機のなかに入りこむことができるのは、かれの行為がかれの知る範囲内においてもつであろう直接的効果だけだという事実である。

経済学者たちがはじめて理解したことは、当時すでに成長していた市場が、人間がかれの理解できない複雑かつ広汎な過程に参加するように仕向けられる有効な道であること、人間が「かれの意図には入っていない目的に」貢献するように仕向けられるのは市場を通してであることであった。

個人主義者の議論の真の基礎は、誰がもっともよく知っているかを誰も知りえないこと、われわれがそれを見つけうる道は、すべての人が自分のできることをやってみて、知ることを許されるような社会的過程を通しての他にはない、ということである。

ハイエクはここから次の結論を導きます。

個人の知識の制限の自覚から、どの個人も諸個人の小集団も、誰かに知られていることのすべてを知ることはできないという事実から、個人主義はまたその主たる実践的結論、すなわちすべての強制的ないしは排他的権力をきびしく制限せよという要求を引き出す。

統治権力と人民の直結が全体主義を生み出します。保守主義と文脈は若干異なるものの、ハイエクはその緩衝材となる中間団体を重視しました。

なお、中間団体とは、前近代においてはギルド、地区の教会など「国家と個人の中間にある組織」を指します。近代においては、労働組合や商工会議所、農協、漁協などの職業団体、各種NPO、地域のコミュニティー、宗教団体などがこれにあたります。

しかし、個人主義が反対するのは、組織や連合をつくるのに強制を用いることに対してであって、結合そのものに対してではない。個人主義者の立場は、自発的な結合に反対するのでは決してないのであって、逆に、多数の意見では意図的指令によってしか成しとげられないとされている多くのことが、諸個人の自発的、自然発生的な協力によってヨリよく成しとげられうる、と主張することにある。（中略）

真の個人主義はもちろん無政府主義ではない。無政府主義は合理主義的な似而非《えせ》個人主義のいまひとつの産物であって、真の個人主義はそのような個人主義と対立する。真の個人主義は強制的権力の必要を否定するのではなくて、強制的権力を制限することを欲する――強制的権力を、他人による強制を防ぐため、そして強制の総計を最小限に縮小するためにはどうしても必要な分野に制限することを欲するのである。

ハイエクは国家権力の過度な干渉、自発性を抑え込む全体主義勢力と戦ったのです。

少数者の権利を擁護

真の個人主義は家族の価値と小さい共同体や集団のあらゆる共同の努力を肯定する

こと、真の個人主義は地方自治と自発的結合に信を置くこと、実際、真の個人主義の立場は、国家の強力的行為に通常頼られていることの多くが、自発的協力によってヨリ上手になされうるという主張に大いに基づいていることは、これ以上さらに強調する必要はない。それとはこの上もない対照をなすのが偽の個人主義であって、こちらは、前記のような比較的小さい集団をすべて、国家が課す強制的規則の他には繋《つなが》りのないアトムに解体することを欲し、それらの小集団による強制的権力の不当奪取から個人を保護するために、国家を主として使うかわりに、すべての社会的紐帯を指令によるものにしようと努める。

《偽の個人主義》を批判する文脈において、保守主義とハイエクの主張は重なります。たとえばオルテガはそれを《大衆》と呼び、オークショットは《反―個人》《できそこないの個人》と呼びました。ハイエクは少数者の権利と民主主義を擁護します。

それとは反対に、民主主義の正当性の全根拠は、時の流れのうちに、今日はほんの少数の意見にすぎないものが多数意見になることも可能だ、という事実にもとづいている。(中略)少数者が強制的権力を用いずに何事かをなしうる場合には、少数者はそれをなす権利をつねにもつべきである。

少数者を守らなければならないのは、多様性の消滅を恐れるためです。

第五章

誤解されたナショナリズム

『民族とナショナリズム』

近代国家の原理

右も左もナショナリズムという概念を理解しないまま発言していたりします。保守を自称する連中が、「ナショナリズムは悪いことではないんだよ」「郷土愛の延長線上に健全なナショナリズムが成り立つ」などと猫なで声を出したり、一部の左翼が「ナショナリズムが高まると帝国主義になる」と意味不明なことを言い出したり。

　ナショナリズムという言葉を聞くと、右派、右翼、民族主義、復古主義といったイメージが浮かぶ人がいるかもしれませんが、それは大間違いです。ナショナリズムとは近代国家の原理そのものです。イギリスの哲学者アーネスト・ゲルナーを参

アーネスト・ゲルナー
（一九二五〜一九九五年）
イギリスの哲学者、社会人類学者、歴史学者。近代産業社会の形成とナショナリズムとの相関関係を示した議論で多大な影響力を持つ。著書に『民族とナショナリズム』『イスラム社会』など。

照して私なりに定義すれば、「近代・資本主義の要請に従い、世界を概念、数字に分解し、再構成する原理」といったところでしょうか。要するに、前近代の共同体、民族を破壊するのがナショナリズムなのです。ゲルナーは『民族とナショナリズム』でナショナリズムをこう定義しました。

ナショナリズムとは、第一義的には、政治的な単位と民族的な単位とが一致しなければならないと主張する一つの政治的原理である。

大事なのは「一致している」ではなく「一致しなければならないと主張する」というところです。政治的な単位と民族的な単位が一致する国家はほとんどありません。ゲルナーが指摘するように、ある領域において民族的な同質性を成立させるには、特定の民族以外の人々をすべて殺すか、追放するか、同化させるしかありません。それは不可能です。よって、国家は民族自体を破壊するのです。前近代的な共同体を解体し、人間を個に分断し、それを再び人為的に接合する。こうしてネイション（国民）はつくり出されます。ではなぜそのようなことをする必要があったのでしょうか。

ゲルナーは言います。

この問題への最良のアプローチは、産業社会における分業と、著しく複雑で、よく発達した農耕社会におけるそれとの違いを考察してみることである。両者の明白な違いは、一方がより安定的で、他方がより流動的であるということである。

近代化とは産業化とそれに付随して起こる社会や文化の変化のことです。産業社会は、流動的で読み書き能力を持つ労働者を必要とします。「暗黙の了解」で通用するような関係ではなくて、文脈に依存しないコミュニケーションが必要になります。かつての農業社会では、読み書きができる人はごく少数でした。しかし、産業社会は複雑で全面的な分業を必要とします。そこで、農村から都市部に出てきた人々を社会に組み込むために、国家は中央集権的で画一的な公教育システムを整備します。

この新しい種類の社会的流動性の直接的な結果は、ある種の平等主義である。近代社会は、平等主義的であるが故に流動的なのではない。流動的であるが故に平等主義的なのである。さらに、近代社会は望むと望まざるとにかかわらず流動的でなければならない。その理由は、経済成長に対する凄まじく癒しがたい渇きを満足させるために、そうあることが求められる点にある。

これはすごい指摘です。人間は平等であるというイデオロギーが近代を生み出したのではなく、資本主義というシステムが労働力の流動化を要請したから、前近代的な身分社会が破壊されたのだと。こうして産業社会は人間を平等化し、文化的に同質的な社会を生み出します。

国家による強制

ゲルナーによれば少数者である支配階級と大多数の農民が厳格に分離された社会はおよそ五〇〇〇年間続きました。少数の識字能力を有するエリートは、彼らのもとで食糧生産に携わる膨大な数の人々と文化を共有しておらず、また、被統治者も複数の言語文化に分裂していたので、不満がネイション（国民）形成に向かわなかったのです。

ゲルナーは言います。

しかし、知識階級はある日普遍化し、社会全体と共存するようになる。それは彼ら自身の努力でもなく、英雄的または奇蹟的な対内的ジハード〔聖戦〕によってでもなく、はるかに効果的で、社会に深く根ざした力によってであり、分業や生産そして認識の過程の性質全体が完全に変容したためである。

近代人はナショナリズムという人工的な水槽の中で泳ぐ魚のようなものだとゲルナーは言います。自然の中では生きていくことができないので、常に環境に手入れをすることが必要になります。

この設備に付けられる名前は、教育およびコミュニケーションのための全国的システムである。その唯一の有効な管理人と保護者とは国家である。

国家は公教育により、分業に向いたコミュニケーション能力、標準語を強制します。ゲルナーによればナショナリズムは特定の人々により押しつけられたものではなく、《工業と貿易に専心するようになった諸国民》により無意識のうちに進行しました。大航海時代に始まる人間の欲望の解放が近代を生み出したのです。

匿名的で非人格的な社会

ナショナリズムが目指すのは《匿名的で非人格的な社会の確立》であり、それは《相互に互換可能で原子化された諸個人》の集合です。これは近代精神そのものです。

ゲルナーは言います。

すべての分離できるものの分離とでも称すべき〈分析の精神〉、あらゆる複合体の構成要素への解体（たとえそれが思考の中でしかできないとしても）、（中略）これらのことが伴っていなければ、事実の均等化と均質化とは不完全である。

近代の本質は、構成要素への解体と概念による再構築であり、「自然」はその支配下に置かれます。近代人は対象を概念化し、抽象的に物事を考えます。概念で考えれば思考がショートカットできるからです。こうした数値化や合理化といった暴力と戦ってきたのが保守思想です。

『定本 想像の共同体』

特殊な文化的人造物

ナショナリズムは国民（ネイション）を創出する原理です。政治学者のベネディクト・アンダーソンは『想像の共同体』でこう述べます。

> わたしの理論的出発点は、ナショナリティ、あるいはこの言葉が多義的であることからすれば、国民を構成する《ネーションネス》ということと言ってもよいが、それが、ナショナリズム〈国民主義〉と共に、特殊な文化的人造物であるということにある。（中略）つまり、ナショナリティ、ナショナリズムといった人造物は、個々別々の歴史的諸力が複雑

ベネディクト・アンダーソン（一九三六〜二〇一五年）

中国雲南省昆明生まれの政治学者。国民国家を「想像の共同体」と捉え、言語とナショナリズムを分析し、ナショナリズム研究に多大な影響を与えた。著書に『比較の亡霊』『三つの旗のもとに』など。

に「交叉」するなかで、一八世紀末にいたっておのずと蒸溜されて創り出され、しかし、ひとたび創り出されると、「モジュール〔規格化され独自の機能をもつ交換可能な構成要素〕」となって、多かれ少なかれ自覚的に、きわめて多様な社会的土壌に移植できるようになり、こうして、これまたきわめて多様な、政治的、イデオロギー的パターンと合体し、またこれに合体されていったのだと。そしてまた、この文化的人造物が、これほどにも深い愛着《アタッチメント》を人々に引き起こしてきたのはなぜか、これが以下においてわたしの論じたいと思うことである。

ナショナリズムは様々な要因が重なることで発生し、近代国家を生み出しましたが、なぜ、そのような《特殊な文化的人造物》ごときが、人々を引きつけ、「お国」のために命を投げ出すようになったのでしょうか？

アンダーソンは、第一次世界大戦と第二次世界大戦の異常さは、人々が類例のない規模で殺し合ったということよりも、途方もない数の人々が自らの命を投げ出そうとしたことにあると指摘します。このような自己犠牲は、純粋な観念により発生します。

国民は〔イメージとして心の中に〕想像されたものである。というのは、いかに小さな国民であろうと、これを構成する人々は、その大多数の同胞を知ることも、会うことも、あるいはかれらについて聞くこともなく、それでいてなお、ひとりひとりの心の中には、共同の聖餐《コミュニオン》のイメージが生きているからである。

そして最後に、国民は一つの共同体として想像される。なぜなら、国民のなかにたとえ現実には不平等と搾取があるにせよ、国民は、常に、水平的な深い同志愛として心に思い描かれるからである。そして結局のところ、この同胞愛の故に、過去二世紀にわたり、数千、数百万の人々が、かくも限られた想像力の産物のために、殺し合い、あるいはむしろみずからすすんで死んでいったのである。

アンダーソンの説明は簡単です。

人は労働党やアメリカ医師会、アムネスティのために死ぬことはない。なぜなら、それらは国とは違って、参加も脱退も自由だからです。

逆に言えば、参加も脱退も自由の場合は、国家という意識が希薄になります。新自由主義者が国家や社会に責任を持とうとしないのは、いざとなったら海外に逃げるからでしょう。

なぜ「想像」なのか

国家や国民は確固として存在しているように思えます。ではなぜ《イメージ》《想像》なのでしょうか?

それは、誰も「全国民」を見たことがないからです。われわれは一生涯のうちに、大多数の同胞を知ることも、会うこともありません。かつての共同体では、人々は血縁関係や所属する職業組織により、固定されていました。また、宗教的共同体は聖なる言語を媒体として超越的な力の秩序と結合し、自らを宇宙の中心と見なしました。ラテン文語、パーリ文語、アラビア文語、中国文語といったものは、固有の神聖性について揺るぎない自信を持っていたとアンダーソンは指摘します。ナショナリズムはこうした前近代の共同体を破壊しました。

とはいえ、想像の国民共同体が、単純に、宗教共同体と王国から生まれ成長して、これにとって代わるようになったと考えるのは近視眼的にすぎよう。聖なる共同体、言語、血統の衰退の下では、世界理解の様式に根本的変化が起こりつつあったのであり、これこそが、なによりもまず、国民を「考える」ことを可能にしたのであった。

その原動力となったのは、時間という概念の変化と出版資本主義です。アンダーソンは国民（ネイション）を創出する機能として、新聞と小説の存在を重視します。《時計》と《暦《こよみ》》で計測可能な時間概念による意識変容が国民を生み出すからです。

たとえば小説では、登場人物がお互い一度も出会わなくても、そこには結びつきがあります。登場人物の関係が、全知の読者の頭の中にはめ込まれているからです。読者だけが神のごとく、登場人物をすべて同時に眺めることができます。

アンダーソンは言います。

これらすべての行為が、時計と暦の上で同じ時間に、しかし、おたがいほとんど知らないかもしれぬ行為者によって行われているということ、このことは、著者が読者の頭の中に浮かび上がらせた想像の世界の新しさを示している。

社会的有機体が均質で空虚な時間のなかを暦に従って移動していくという観念は、国民の観念とまったくよく似ている。

こうした意識の誕生は新聞にも見出すことができます。

アンダーソンは、新聞の日付に注目しました。「ニューヨーク・タイムズ」が、アフリカのマリの飢饉について報道したとします。その後、続報がなくても、読者はマリという国が消え去ったとは思いません。《新聞の小説的構成》により、読者はマリの情勢が動いていることを確信しています。読者は新聞が地下鉄や床屋、隣近所で消費されるのを見て、共同性を確信するようになります。こうした流れが、古来の文化概念を切り崩してきました。

資本主義では時間が重視されます。商行為のためには、同じ時間が流れている必要があるからです。

出版資本主義

書籍出版は資本主義の市場追求の基本に従い、国籍を超えて広がりました。一五〇〇〜五〇年はヨーロッパの繁栄の時代であり、出版業もこの好景気に与《あずか》ったとアンダーソンは言います。

当然、本は売るためにつくられるので、その時代の大多数の好みに沿うようになります。新聞や小説は、ラテン語ではなく、フランス語、英語、スペイン語といった世俗語で書かれましたが、それが国民(ネイション)という意識につながっていきます。印刷技術の向上がそれに拍車をかけました。印刷本は永続的形態を持ち、時間的にも空間的にも、事実上無限に複製可能です。

この資本主義と印刷技術が、国民の誕生を準備したというのがアンダーソンの考えです。

ひとたび革命が発生すると、数百万の印刷される言葉によって、それは一つの概念へと整形され、モデル、青写真になります。アンダーソンは、出版資本主義により、フランスの経験は人類の記憶から消去できなくなったと言います。この《モジュール化》がボルシェビキの革命につながったのだと。アンダーソンは帝政ロシアを説明するために《公定ナショナリズム》という概念を使いました。簡単に言えば、新しい国民的原理と古い王朝原理を無理やりつなぎ合わせるやり方です。

当時のロシアで革命は無理でしたが、フランス革命というモデルがあったから、革命は成功し、さらにはロシアよりもっと後進的な社会でも革命が想像できるようになった。アンダーソンはこれは日本にもあてはまると考えます。

藩閥政府が地位強化のために採用したのが、ホーエンツォレルン家のプロシア・ドイツモデルでした。要するに、「モジュール」「青写真」を真似することで、短期間で近代国家をつくり上げたのです。

『ナショナリズムとは何か』

ナショナリズムの四分類

ゲルナーやアンダーソンらの立場、つまり国民（ネイション）やナショナリズムは近代に発生したという主張のことを、イギリスの社会学者アントニー・D・スミスは《近代主義》と呼びます。

『ナショナリズムとは何か』では、ナショナリズムに関する主張が《原初主義》《永続主義》《近代主義》《エスノ象徴主義》に分類されています。《原初主義》とは《ネイションは「自然の秩序のうち」にのみ存在する》《あらゆるものに先立って存在し、あらゆるものを創造するという特性を持つ点では神と同じような存在である》と考えます。

アントニー・D・スミス
（一九三三〜二〇一六年）

イギリスの社会学者。学際的なナショナリズム研究の祖とされ、ナショナリズムの起源を前近代的な文化的歴史的共同体であるエトニーに求めた。著書に『ネイションとエスニシティ』など。

また、《永続主義》は《ネイションは歴史上のいかなる時代にも常に存在してきたし、多くのネイションは太古の昔から存在した》と考えます。この二つは素朴というか、現在でも多くの人々が共有している考え方です。

スミスは、ナショナリズムは近代に生じた現象であり、その「起源」を近代以前にさかのぼって求めることはできないとする《近代主義》の主張をある程度認めながら、エトニー（特定の領土と結びついていて、祖先についての神話や歴史の記憶、それに様々な日常的文化を共有する、呼び名を持った人間集団、前近代的な文化的共同体）がナショナリズムに与えた影響を重視します。これが《エスノ象徴主義》の立場です。スミスは言います。

イデオロギー、運動、さまざまな象徴としてのナショナリズムが近代的なものであること、また大半のネイションが最近形成されたものであることを認めたうえで、私はナショナリズムに先立つネイションが、少なくとも若干のケースではありうるのではないか、あったとすればそれは何を意味するのか、ということに関心を抱くようになったのである。しかし、全般的には、私のアプローチが焦点を当ててきたのは、ネイションやナショナリズム以前の、しかもしばしば近代以前のエスニックな紐帯やエトニーが、どのように後のネイションとナショナリズムに影響を与えたのか、またいくつかの事例ではどのようにネイションとナショナリズムの基盤を形成したのか、という問題であった。

ナショナリズムは純粋に近代の原理であるのと同時に、過去（多くは改変・捏造されたもの）を統合原理として利用します。よってナショナリストは、《文化の育成と表現をことさらに強調》します。

ナショナリズムのイデオロギーは、徹底してネイションの文化にこだわること――ネイションの歴史の再発見、文献学や辞書学などを通じてのその土地固有の言語の復活、文学、とりわけ戯曲と詩の育成、固有の芸術や工芸、それに昔からの踊りや民謡を含む音楽の復興――を要求するのである。ナショナリズムの運動に連動して文化と文芸の復興がしばしば起こることや、ナショナリズムが刺激しうる文化的活動が実に多様であることの主な原因がこれである。抗議集会や宣伝や武力での抵抗などによってナショナリズム運動が始まるというのは、実は典型的パターンではなく、文芸団体や歴史研究、音楽祭や文化雑誌などの登場とともに始まるというのが典型であろう。

宗教に近い機能

スミスはネイションを次のように定義します。

すなわち、「わが郷土と認知されたところに住み、誰もが知っている神話と共有された歴史、独自の公共文化、すべての成員に妥当する慣習法と風習を持つ、特定の名前で呼ばれる人々の共同体」である。

ナショナリストの指導者たちは《エスニックな心理の核心には同じ血を共有しているという意識がある》ことを理解していたし、《躊躇《ちゅうちょ》することなくそれに訴えてきた》とスミスは言います。

つまり、心理的な紐帯こそがネイションの本質であり、その半ば無自覚的な確信がある人々を結びつけ、他のあらゆる人々から区別するのである。

もちろんそこに根拠はありません。だから「神話」です。自分たちは祖先から同じ血が流れていると考えていたとしても、生物学や歴史的事実とは一致しないのがほとんどです。にもかかわらず神話は実在します。スミスは、ナショナリズム研究においては「何が事実か」ではなく「何が事実と感じられているか」が重要だと言います。共通の祖先についての確信は、事実ではなく感情に基づいているからです。要するに心理的な紐帯です。ネイションの物語、神話は、実際に人民の共感を呼び、さらにそれがネイションの再構築に貢献するようになります。これは「家系」の登場により説明されます。

村内あるいは近隣の家族が結婚を通じて結合すると、やがて共通の祖先まで家系をたどろうとするようになります。そのような系譜は、通常、口述によって伝承されましたが、のちには年代記や叙事詩に書き込まれて伝承されるようになります。エスニックな起源や血統に関する神話は、しばしば移住の記憶や、共通の崇拝対象に対する儀式、象徴、神話と結びつきます。そして、神話は人間社会を宇宙の秩序に組み込み、神が諸家族を守ってくれると説きます。こうしたものがナショナリズムの背景にあるとスミスは言います。

古代世界の大半の人々にとって問題だったのは、しばしば理解不能なほどの猛威を振るう自然の諸力に対して、どのように対処するかということであった。（中略）このような状況にあって、近代世界における市民どうしの対等な同胞愛に対応するものは、大規模な儀式や加持祈禱への一般民衆の参加であり、血筋に基づく共同体を信仰と崇拝の共同体へと結束させる道徳的な義務や宗教的義務の履行であり、エスニックな起源や神に選ばれたことに関する神話や象徴によって喚起される共同体意識であり、祖先と彼らの英雄的行為や偉業に関する記憶の共有などであった。人々のそうした一体化が生じたところでは、宗教的な掟や儀式が近代的市民の法的な権利と義務に等しい役割を果たしており、ネイションとしての性質を備えつつあると論じることは可能であろう。以上のように考えるならば、古代には古代特有のネイションが存在したと論じてもよいのではないだろうか。

スミスは、単なる抽象的、人為的な工学だけではナショナリズムは機能しないと指摘しました。それが過去の恣意的な選択と再構築の結果だとしても、一般大衆の意識や感覚からまったく離れていたら成立しない。集団的記憶、神話、象徴といった媒介がなければ、実効性を持つことはできないというわけです。それは宗教に近い機能を持っています。

西欧中心主義

スミスがエスニックな紐帯やエトニーの存在を重視したからといって、それがナショナリズムの単一の土台になっていると説いたわけではありません。

複数のエスニシティが混在することのないネイションなどめったに存在しない。既存のエスニックな絆が土台となるということが意味するのは、比較的ゆるやかな（一つかそれ以上の）エスニック集団が特殊な発展を遂げたものがネイションだということであり、歴史的にはエスニックな共同体が多くのネイションにとってモデルおよび土台となってきたということである。

ナショナリズム論における《近代主義》は一般的な使用法における近代主義とは異なりますが、スミスはその両者に共通する西欧中心主義を見出しました。

大半の近代主義者にとっては、一般大衆の市民権についてまともに語りうるのは民主的社会だけだから、真にネイションが存在するのは民主的な社会のみである。すでに言及したことだが、ネイションの発展に関するこのような進化図式では、ヨーロッパ中心主義的で自由主義的な発想が暗黙の前提になっている。そして、このような図式は、重要視される事柄や暗黙の前提が近代とはまったく異なる時代に、近代的な文脈と基準を押し付けることになるということも、再度指摘しておきたい。

『決定版 三島由紀夫全集』

右翼とは対極

三島由紀夫は世間に理解されず、今も理解されていません。三島は真っ当な保守主義者でしたが、「三島は右翼の復古主義者」といった極めていい加減な解釈が極めていい加減な人々によりなされてきました。

しかし、三島を読めば、彼は右翼とは対極の保守主義者であることがわかります。三島の眼は最後まで覚めていました。晩年に右翼ごっこを始めた自分を冷静に眺めるもう一人の三島がいた。彼はアホではないので、自衛隊が決起に応じるなどとは最初から考えてもいませんでした。三島は世の中が嫌になってブチ切れたのだと思います。戦後社会の欺瞞に対する憤死であ

三島由紀夫
（一九二五～一九七〇年）

小説家、劇作家。『仮面の告白』で文壇での地位を確立。著書に『金閣寺』『豊饒の海』など。ボディビルや楯の会結成でも注目を集める。一九七〇年に陸上自衛隊市ヶ谷駐屯地に乱入し、割腹自殺を遂げた。

り、ある意味では諫死《かんし》です。そしてその死は無駄でした。大衆社会はそれを面白おかしく消費しました。そうなることを一番わかっていたのは三島本人だったと思います。

三島は民族主義や国家主義に対する警戒を怠りませんでした。反共や復古主義の欺瞞も嫌いました。愛国教育や国粋主義も嫌いました。昭和天皇にも批判的でした。対米隷従のための改憲を否定、昭和の軍国主義、徴兵制と核武装を厳しく批判します。

三島は「伝統」のいかがわしさも、日本の軍国主義の世界史的位置づけも、正確に理解していました。

（前略）二・二六事件その他の皇道派が、根本的に改革しようとして、失敗したものでありますが、結局勝ちをしめた統制派といふものが、一部いはゆる革新官僚と結びつき、しかもこの革新官僚は左翼の前歴がある人が沢山あつた。かういふものと軍のいはゆる統制派的なものと、そこに西欧派の理念としてのファシズムが結びついて、まあ、昭和の軍国主義といふものが、昭和十二年以降に始めて出てきたんだと外人に説明するんです。私は、日本の軍国主義といふものは、日本の近代化、日本の工業化、すべてと同じ次元のものだ、全部外国から学んだものだ、と外国人にいふんです。

（「武士道と軍国主義」）

三島は、西欧の理念（イデオロギー）が《軍人に権力をとらせ、軍人を増長させ》、言論統制により《いぢるべからざる文化》をいじったと批判しました。東條英機《とうじょうひでき》のような人物が《私怨をもつて人々を二等兵に駆り立て》前線へ押し出したと。

普通に考えて、日本の軍国主義は近代や西欧の理念への反発ではありませんでした。逆に、後発の日本の近代主義が戦争に結びついたと見るのが妥当でしょう。三島が問題にしたのは「近代」という暴力です。

「言葉」を守る

日本はほぼ一世紀前から近代史の飛ばし読みをやつてのけた。その無理から生じた歪みは、一世紀後になつてみじめに露呈された。（後略）（「亀は兎に追ひつくか？」）

結局、近代が理解されないから、わが国ではその抵抗勢力としての「保守」が成立しなかったのだと思います。三島が最終的に守ろうとしたものは日本語です。そして敵と見定めたのは、左右から発生する全体主義でした。全体主義は近代特有の病です。その初期症状は言葉の破壊という形であらわれます。三島は言います。

言論の自由を保障する政体として、現在、われわれは複数政党制による議会主義的民主主義より以上のものを持ってゐない。

この「妥協」を旨とする純技術的政治制度は、理想主義と指導者を欠く欠点を有するが、言論の自由を守るには最適であり、これのみが、言論統制・秘密警察・強制収容所を必然的に随伴する全体主義に対抗しうるからである。（「反革命宣言」）

三島が「言論の自由」を重視したのは、彼が自由主義者だからではありません。保守は「主義」など信仰しない。「言葉」を守ることこそが、国を守ることにつながるからです。

（前略）われわれはあと何十年かのあひだ、模索を重ねて生きるだらうが、とにかくわれわれは、断乎として相対主義に踏み止《とど》まらねばならぬ。宗教および政治における、唯一神教的命題を警戒せねばならぬ。幸福な狂信を戒めなければならぬ。現代の不可思議な特徴は、感受性よりも、むしろ理性のはうが、（誤った理性であらうが）、人を狂信へみちびきやすいことである。（「小説家の休暇」）

ご都合主義の愛国

三島の政治理解は保守思想の核心に到達していました。

（前略）いわゆる議会制の、普通選挙制の政治形態というのは、政治というものが必要悪、妥協の産物であって、相対的な技術であって、政治に何ら理想はないのだというところから出発しているのだと私は解釈しております。つまり民主主義に理想を求める、民主主義の行く手に、人民民主主義の理想を追究して現在の民主主義を改良できるという革新の方法は、私には論理的でないと思われる。（「国家革新の原理」）

小林秀雄は《政治家は、文化の管理人乃至《ないし》は整理家であつて、決して文化の生産者ではない。（中略）天下を整理する技術が、大根を作る技術より高級であるなどといふ道理はない（後略）》（「私の人生観」）と言いましたが、三島はこう表現します。

胃痛のときにはじめて胃の存在が意識されると同様に、政治なんてものは、立派に動いてゐれば、存在を意識されるはずのものではなく、まして食卓の話題なんかになるべきものではない。政治家がちやんと政治をしてゐれば、カギ屋はちやんとカギ屋の仕事に専念してゐられるのである。（「一つの政治的意見」）

オークショットは《統治者の職務とは、単に、規則を維持するだけのことなのである》と言いましたが、それは数式にあてはめた「合理的正解」を押しつけるのが政治ではなく、複雑な社会に対する実践的な活動であるからです。

三島は言います。

……思想の形成は、一つのはつきりしない主題のさまざまな言ひ換への試みによつてはじまる。釣師がさまざまな釣竿を試し、剣道家がさまざまな竹刀《しない》を振つてみて、自分に適した寸法と重みを発見するやうに、思想が形成されようとするときには、或るまだ定かでない観念をいろいろな形に言ひ換へてみて、つひに自分に適した寸法と重みを発見したときに、思想は身につき、彼の所有物になるであらう。（「太陽と鉄」）

現在わが国では極めて頭の悪い人たちが「保守」を自称しながら、愛国ビジネスを行なっています。朝から晩まで近隣諸国を罵倒してぬるま湯に浸かっているのも、国が傾いてきたことによる自信の喪失が原因でしょう。

三島はご都合主義の愛国を嫌いました。

低開発国の貧しい国の愛国心は、自国をむりやり世界の大国と信じ込みたがるところに生れるが、かういふ劣等感から生れた不自然な自己過信は、個人でもよく見られる例だ。私は日本および日本人は、すでにそれを卒業してゐると考へてゐる。ただ無言の自信をもつて、偉ぶりもしないで、ドスンと構へてゐればいいのである。（「日本への信条」）

三島が期待を込めて語ったことは完全に裏切られました。日本語は徹底的に破壊され、急進的な改革勢力、幼い合理主義者が自己過信と自己欺瞞により、日本を三流国に転落させたのです。

『ホモ・ルーデンス』

「遊び」とは何か

「ホモ・ルーデンス」とはラテン語で「遊ぶ人」という意味です。この「遊び」が文化および人間の知的活動の源泉であると、歴史学、人類学、言語学、文学など多くの学問領域を横断する形で論じたのがオランダの歴史家ヨハン・ホイジンガの『ホモ・ルーデンス』です。

《遊びは文化よりも古い》とホイジンガは言います。思想史上の通説では、遊びは文化の中から出てくるものとされていましたが、逆に文化は遊びの中で発生したと唱えたのです。人間だけではなく動物も遊びます。たとえば小犬がじゃれ合うとき、そこに遊びの基本的な相はすべて表れているとホイジンガは言

ヨハン・ホイジンガ
（一八七二〜一九四五年）

オランダの歴史家。『中世の秋』で中世の人々の豊かな生活を描き、大きな反響を呼んだ。第二次世界大戦中にナチスを批判したため、オランダに侵攻したナチスドイツに拘束され、収容所に送られた。

います。

小犬は一種の儀式めいた身振り、動作で、たがいに気をひきあったりする。仲間の耳をちぎれるほど噛んではいけないという規則も守っている。まるで、恐ろしく怒っているかのようなふりをしてみせもする。そして最も重要なのは、小犬はこれらすべてを、明らかに嬉々として楽しんでやっている、ということである。

儀式めいた身振り、規則、それ自体が目的である自発的な行為……。小犬の遊びのような単純なものから、人間が観衆の前で行なう競技や演技のような高度なものまで、そこを貫いている「遊び」という行為が人間にとってどのような意味を持っているのかについて、ホイジンガは述べます。

なお、遊びの面白さは「笑い」とは異なります。

たとえば笑いは、真面目のある種の反対ではあるが、遊びとはけっして無条件に結びつかない。遊んでいる子供、フットボール選手、チェスの棋士などは、きわめて深い真面目さのなかにあり、いささかも笑いの気配など現わしたりしないではないか。

とにかく、われわれが遊びという形式を、外見上それによく似ている他のさまざまの生の形式からはっきりと区別しようと努めれば努めるほど、遊びというものの絶対的な自立性がいよいよ明らかになってくる。

すべての遊びは、まず第一に、何にもまして一つの自由な行動である。命令されてする遊び、そんなものはもう遊びではない。（中略）はやくも、この自由の性格によって、遊びは自然の過程がたどる筋道から区別される。遊びは自然の過程に付け加えられるもの、美しい衣裳のようにその上に着せられるものなのだ。

遊びの形式的特徴としては、まずはそれは自由な行為であり、日常生活における《必要》といった概念や《欲望の直接的満足》という過程の外にあるとホイジンガは言います。それは定められた時間・空間の中で、一定の法則に従って秩序正しく進行し、場は《リズムとハーモニー》で満たされている。秘儀や仮想は現実との距離を示す。この遊びの固有性・自立性についてホイジンガは古今東西の文献を渉猟《しょうりょう》し、こうまとめます。

われわれは、地球上あらゆる地域に、どれをとっても完全に一致する多くの闘技的な考え方や慣習の複合体が、古代の社会生活を支配していたのを見た。明らかに、それらの競技のさまざまの形式は、いかなる民族も固有な形でもっている独特な信仰の観念とは無関係に成り立っている。この同種性（遊びがいかなる民族の中でも、同じ観念、形式となって現われているということ）に対する一番もっともらしい解釈は、われわれ人間はつねにより高いものを追い求める存在で、それが現世の名誉や優越であろうと、または地上的なものを超越した勝利であろうと、とにかくわれわれは、そういうものを追求する本性をそなえているが、この本性そのものがその同種性の原因なのだ、ということだろう。そしてそういう努力を実現するために、人間に先天的に与えられている機能、それが遊びなのだ。

小児病的挙動

この文化に先立つ「遊び」が、近代において別の形をとるようになってきたとホイジンガは指摘します。

社会的衝動としての遊び的競争は文化そのものよりも古いが、それは遠い原始時代から生活を充たし、古代文化のさまざまの形式を酵母のように発育させるものだった。祭祀は聖なる遊びのなかに発達した。詩は遊びのなかに生まれ、いつも遊びの諸形式から最高の養分を吸収してきた。音楽と舞踊は純粋な遊びであった。知識、英知は祭式的競技の言葉のなかに、その表現を見いだした。法律は社会的遊びの慣行から生じた。戦争の規定、貴族生活の慣例は、遊びの形式の上に築かれた。(中略)

この見方が正しいとすれば――これを正しくないとすることはほとんど不可能に思えるのだが――そこになお残された問題は、われわれがいままで主として注意の眼を向けてきた古代文化から、いっそう発展をとげた後の諸時代についてはどうなのか、いったいそれらの文化のなかには、どの程度遊びの要素を確認することができるか、ということである。

現代は社会生活一般の問題を覆い隠すために《遊び》という形式が利用されているが、それは《偽りの、見せかけの遊び》であるとホイジンガは言います。

私は数年前に、今日の社会生活の危険な幾つかの現象は、一括して小児病という名で呼ぶのがよい、と考えたことがある。そのとき私は、現代人が、それもとくに何らかの組織のなかに登場する集団の一員としての現代人が、思春期あるいは少年期の生き方の型にしたがって行動するように見える一連の動きを眼にとめていたのである。それらの大部分は、現代の精神的コミュニケーションの技術によって惹き起こされたり、または押し進められたりした習慣である。これに属するものには、たとえば、たやすく満足は得られても、けっしてそれで飽和してしまうということのない、つまらぬ気晴しを求めたがる欲望、粗野なセンセーションの追求、巨大な見せ物に対する喜び、などがある。

一昔前に「中二病」というネットスラングがありました。これは中学二年生頃の思春期に見られる、背伸びしがちな言動を揶揄《やゆ》する言葉であり、転じて、思春期にありがちな自己愛に満ちた空想や嗜好《しこう》を指します。ホイジンガの言う小児病は、小児に特有な病気とは関係なく、そのまま「中二病」と重なります。ネットで「真実」を知り、「目覚めて」しまう人々もこれに近い。

ホイジンガは「小児病患者」を描写します。

心理的にさらに深いところに基礎をおいた特質で、これまた同様に小児病と名づけることによって最もよく把握することのできるものには、ユーモア感覚が欠如していること、反感を秘めた言葉に対して、いや、ときには愛情をこめた言葉に対しても、誇張的な反応の仕方をすること、物事にたちまち同意してしまうこと、「他人」に悪意ある意図や動機があったのだろうと邪推して、それを押しつけてしまうこと、「他人」の思想に寛容でないこと、褒めたり、非難したりするとき、途方もなく誇大化すること、自己愛や集団意識に媚びるイリュージョンにとり憑かれやすいこと、などがある。

まるで日本のネトウヨを論じたような文章ですが、さらにホイジンガは現代において、その動きが《マス化》し、《残酷さ》と結びつくようになったと指摘します。こうした遊びの堕落が《技術》と結びつくことで加速していく。今の時代ならインターネットかもしれません。遊びが文化の源泉である以上、遊びの劣化は文化の衰退にそのままつながります。

いずれにしても、このことに対して共同責任を負うべきであるのは、中途半端な教養を身につけた大衆が精神的な交わりの世界に加わるようになったこと、道徳的な価値基準がゆるんでしまったこと、そして、技術と組織が社会に与えた伝導率があまりにも大きいものであること、こういう現実である。

ホイジンガはたびたび日本文化について言及しましたが、現在の日本の惨状を見たら、どのように感じるのでしょうか。

自ら成熟を放棄してしまうような精神のあらわれのなかには、ただ迫りつつある崩壊の兆しか見ることができない。小児病的挙動がしばしば外形的に遊びの形を帯びることはあるだろう。だが、そのなかには真の遊びの徴《しるし》があるわけはない。奉献と尊厳と様式をふたたび獲得するためには、文化は他の道を行かねばならないのだ。

第六章

歴史と古典

『歴史とは何か』

「事実はみずから語る」は嘘

E・H・カーは、イギリスの歴史家、国際政治学者、外交官です。『歴史とは何か』は、一九六一年にケンブリッジ大学で行なった連続講演をまとめたものです。カーは「自由」に対しても警戒を怠ることはありませんでした。それは古典的経済学の法則で育てられた理論家たちへの批判としてもあらわれます。《根本的に非合理だったのは、統制もなく組織もない自由放任の経済》だったという議論に共鳴すると。

カーはこう述べます。

科学としての歴史ということを熱心に主張する実証主

E・H・カー（一八九二～一九八二年）

イギリスの歴史家、国際政治学者、外交官。著書『危機の二十年』では国際政治におけるリアリズムの重要性を強調した。また、『ロシア革命の考察』などロシアに関する著書を多く残している。

義者たちは、その強大な影響力に物を言わせて、この事実崇拝を助長しました。先ず、事実を確かめよ、然《しか》る後に、事実から汝の結論を引き出すべし、と実証主義者たちは申しました。イギリスでは、こういう歴史観は、ロックからバートランド・ラッセルに至るイギリス哲学の支配的潮流である経験論の伝統と完全に調和しました。経験主義の知識論では主観と客観との完全な分離を前提いたします。感覚的印象と同様に、事実は外部から観察者にぶつかって来るもので、観察者の意識から独立なものだというのです。

カーは、こうした「客観性」のみで歴史を記述しようとする近代歴史学の態度を批判します。

しかし、こういう点が強調されるたびに、私は、「正確は義務であって、美徳ではない」というハウスマン（中略）の言葉を思い出します。正確であるといって歴史家を賞讃するのは、よく乾燥した木材を工事に用いたとか、うまく交ぜたコンクリートを用いたとかいって建築家を賞讃するようなものであります。こういうことは彼の仕事の必要条件であって、彼の本質的な機能ではありません。

プロのピアニストに対し「ピアノがお上手ですね」と言ったら、嫌な顔をされると思います。芸能の本質はもちろんそんなところにはありません。歴史家も同じです。基礎的事実はあくまで素材にすぎず、問題となるのは素材の「扱い方」です。

C・P・スコットのモットー（「事実は神聖であり、意見は勝手である」・適菜註）にも拘《こだわ》らず、現代のジャーナリストなら誰でも知っている通り、輿論を動かす最も効果的な方法は、都合のよい事実を選択し配列することにあるのです。事実はみずから語る、という言い慣わしがあります。もちろん、それは嘘です。事実というのは、歴史家が事実に呼びかけた時にだけ語るものなのです。（中略）シーザーがルビコンという小さな河を渡ったのが歴史上の事実であるというのは、歴史家が勝手に決定したことであって、これに反して、その以前にも以後にも何百万という人間がルビコンを渡ったのは一向に誰の関心も惹かないのです。（中略）歴史家は必然的に選択的なものであります。歴史家の解釈から独立に客観的に存在する歴史的事実という堅い芯を信じるのは、前後顛倒の誤謬であります。

このように歴史には主観性の問題が必然的に入り込みます。

歴史家は中立的ではない

すべての歴史は「現代史」である、とクローチェは宣言いたしました。その意味するところは、もともと、歴史というのは現在の眼を通して、現在の問題に照らして過去を見るところに成り立つものであり、歴史家の主たる仕事は記録することではなく、評価することである、歴史家が評価しないとしたら、どうして彼は何が記録に値いするかを知り得るのか、というのです。

歴史家は中立的ではありえません。歴史的事実は歴史家の評価によって決まりますが、その歴史家もまた、社会状況や時代に縛りつけられています。「事実の集積が歴史である」という発想はあまりにもナイーブであるとカーは指摘しました。

その一方で、「すべては解釈である」という考え方にも危険があるとカーは言います。

歴史家は、自分の研究する時代を見るのは必ず自分の時代の眼を通して見るものであり、過去の問題を研究するのは現代の問題の鍵として研究するのだということになりましたら、歴史家は全くプラグマティックな事実観に陥り、正しい解釈の規準は現在のある目的にとっての適合性であるという主張になってしまうのではないでしょうか。こういう仮説に立ちますと、歴史上の事実は無で、解釈が一切だということになります。

それではどのように「事実」を捉えたらいいのでしょうか？

あるいは、「事実」に対する歴史家のとるべき態度とはどのようなものになるのでしょうか？

カーは歴史家の義務を規定しました。それは一切の「事実」を描き出す努力を続けること。そしてもう一つは、歴史家自体を研究することです。歴史家の判断を生み出した社会的、時代的背景を明らかにするのです。

このように、歴史家と歴史上の事実との関係を吟味して参りますと、私たちは二つの難所の間を危く航行するという全く不安定な状態にあることが判ります。すなわち、歴史を事実の客観的編纂《へんさん》と考え、解釈に対する事実の無条件的優越性を説く支持し難《がた》い理論の難所と、歴史とは、歴史上の事実を明らかにし、これを解釈の過程を通して征服する歴史家の心の主観的産物であると考える、これまた支持し難い理論の難所との間、つまり、歴史の重心は過去にあるという見方と、歴史の重心は現在にあるという見方との間であります。

そこで、「歴史とは何か」に対する私の最初のお答を申し上げることにいたしましょう。歴史とは歴史家と事実との間の相互作用の不断の過程であり、現在と過去との間の尽きることを知らぬ対話なのであります。

現在と過去との対話

歴史的事実の一部を抽出し、声高に「真実の歴史」を唱える連中がいます。しかし、歴史は単純なものではありません。客観的事実により構成された「偽史」のようなものもたくさんあります。

カーは言います。

ある社会がどういう歴史を書くか、どういう歴史を書かないかということほど、その社会の性格を意味深く暗示するものはありません。

「歴史を研究する前に、歴史家を研究して下さい。」今は、これに附け加えて、次のように申さねばなりません。「歴史家を研究する前に、歴史家の歴史的および社会的環境を研究して下さい。」歴史家は個人であると同時に歴史および社会の産物なのです。歴史を勉強するものは、こういう二重の意味で歴史家を重く見る道を知らねばならないのです。

歴史家は一人の人間です。そして一人の人間は社会に組み込まれています。抽象的個人が存在しないのと同じように、社会から独立した、あるいはその影響を受けない歴史家も存在しません。

人間の話す言語は、個人の遺伝ではなく、彼が生い育った集団からの社会的獲得であります。言語と環境とは相共に彼の思想の性格を決定するのに寄与しますし、彼が幼時に抱く観念は他人から与えられるものです。

そうである以上、環境から超越した「客観的立場」はありえません。逆に言えば、歴史家の態度、立ち居振る舞いから、社会が見えてきます。

歴史家とその事実との間の相互作用という相互的過程——これは前に現在と過去との対話と呼んだものですが——は抽象的な孤立した個人と個人との間の対話ではなく、今日の社会と昨日の社会との間の対話なのです。ブルクハルトの言葉を借りますと、「歴史とは、ある時代が他の時代のうちで注目に値いすると考えたものの記録」であります。過去は、現在の光に照らして初めて私たちに理解出来るものでありますし、過去の光に照らして初めて私たちは現在をよく理解することが出来るものであります。人間に過去の社会を理解させ、現在の社会に対する人間の支配力を増大させるのは、こうした歴史の二重機能にほかなりません。

歴史が語るのは、現在です。

『哲学入門』

人間を規定する「状況」

『哲学入門』は、一九四九年、ドイツの哲学者カール・ヤスパースが、バーゼル放送局の依頼に応じて一二回にわたり行なったラジオ講演を書籍化したものです。ヤスパースは哲学に向かう姿勢についてこう言います。

　人はすべて自分自身だけでしか答えを発見することができません。答えは単に規定的な内容として決定されたり、究極決定的に規定されたり、外面的であったりしてはなりません。特に若い人はあくまで可能性と「試み」の態度を守らねばならないのです。

カール・ヤスパース
（一八八三〜一九六九年）

ドイツの哲学者。ハイデルベルク大学で教鞭をとるが、夫人がユダヤ系だったことなどを理由にナチスと対立し、大学を追われた。ハイデガーと並び、ドイツの実存哲学を主導した。著書に『哲学』など。

したがってつぎのように言われるのです。断乎としてつかまえるが、しかし動きのとれなくなるようなことにならないで、むしろ吟味し、訂正すること、しかしこのことは偶然的や恣意的に行われるのでなくて、あらゆる試みられたものが維持され、後に影響を与え、結果が一つの構築物となるときに発生するところの重みによって行われる、と。

人間は「状況」に規定されています。すでに述べたように、オルテガは《生とはすべて、「環境」つまり世界の中に自己を見出すことである。なぜならば、環境、つまり周囲にあるものというのが「世界」なる概念のそもそもの意味だからである》と言いました。ヤスパースは《限界状況》という言葉を使います。

私は自ら努めて状況を変化させることができます。しかし私は死なねばならないとか、私は悩まねばならないとか、私は戦わねばならないとか、私は偶然の手に委《ゆだ》ねられているとか、私は不可避的に罪に巻きこまれているなどというように、たとえ状況の一時的な現象が変化したり、状況の圧力が表面に現われなかったりすることがあっても、その本質においては変化しないところの状況というものが存在します。私たちはこのような私たちの現存在の状況を限界状況（Grenzsituation）と呼んでいるのであります。すなわちそれは私たちが越え出ることもできないし、変化さすこともできない状況が存在するということであって、これらの限界状況はかの驚きや懐疑についで、哲学のいっそう深い根源なのであります。

しかし、われわれは往々にしてそれを忘れてしまいます。あるいは目を向けなくなります。直視するのが怖いからです。ではこうした孤独と絶望の中で、「考える」という行為は、何を意味するのでしょうか？

ヤスパースは言います。

> 自分で考えるということは空無からは生じてきません。私たちが自分で考えるものは、実際に私たちに示されていなければならないのであります。伝承的な権威は、歴史的に与えられている「哲学すること」の始源や完成において、あらかじめ信ぜられている根源に触れることによって、私たちの心の内にそれを目ざめさすのです。いっそうつき進んだ研究はすべてこのような信頼を前提とするものであります。

そして大事なのは、信頼は服従とは別物であることです。

私たちは自分で考えることによって真理に到達するのでありますが、しかしそれは私たちがあらゆる他の人びとの立場に立って考えてみるという努力をたえず続ける場合においてだけ、いわれることなのです。（中略）たとえ他人の思想を拒むにしても、他の人が考えたことを真剣になって考えてみることによって、自己自身の真理の可能性の領域がひろがるのであります。あえて他の人の思想の中へ自分をまったく移し入れてみた場合にだけ、私たちは知ることができるのです。（中略）それゆえ、哲学する者は、彼が自分の哲学者として徹底的に研究するために、最初に選んだ哲学者に傾倒するだけでなく、存在したもの、思惟《しい》されたものを経験するために、一般哲学史の研究にも傾倒するのであります。

歴史の意義

状況は歴史的に生成されたものです。そこで哲学は歴史の研究に向かいます。

どんな実在するものも、私たちの自己確認にとって、歴史ほど重要ではないのであります。歴史は私たちに人類のもっとも広大な地平圏を示し、私たちの生活の基礎となっている伝統の内容を私たちにもたらし、現在的なものに対する規準を私たちに示し、自己が属する時代への無意識的な拘束から私たちを解放し、人間をその最高の可能性と、その不滅の創造性において見ることを教えるのであります。

要するに、「長い目」で歴史を捉えるということです。過去を知ることでしか現在は見えてきません。

もし私たちが歴史の意義を問うならば、歴史の目標を信ずる者にとっては、目標について考えるだけでなく、それを計画的に実現しようとすることは自然の道理であります。

しかし全体的に計画を立てていこうとすると、私たちは自分の無力を知るのであります。権力者が傲慢にも、歴史の全体について知っていると思いこんで計画を立てるならば、このような計画は挫折して破局に遭遇します。

人間にふさわしい相互の交わり、暴力のない世界、法の秩序……。理想をあげることはできます。しかし、楽天主義は役に立たず、大衆はその逆の方向に走る傾向があるとヤスパースは言います。

私たちに限らず、人間は誰でも自分のうちに我意や、自己を暴露しまいとする抵抗や、詭弁《きべん》——哲学でさえもこの詭弁によって隠蔽に利用されるのですが——を見ます。また交わりのかわりに他者の排撃、権力欲や暴力欲、利得に対する盲目的な願望をかけた戦争の機会や、いっさいを犠牲にし、生命を賭《と》する野蛮な冒険などによる大衆の熱狂、を見ます。それに反して、大衆は断念・節約・忍耐・堅実な状態を築きあげるという地味な仕事、などにはあまり気が進まないことを私たちは知るのでありま す。ほとんど何の障害もなく、精神のあらゆる舞台を通過して、自分の道をむりやりに進んでいくところの情熱を私たちは見るのであります。

答えよりも問いが重要

ここでヤスパースの「敵」が見えてきます。それは近代が生み出した大衆です。
ヤスパースは端的に言います。

哲学者（philosophos）というギリシア語は、学者（sophos）と対立する言葉であって、知識をもつことによって知者と呼ばれる人と異なり、知識（知）を愛する人を意味する言葉であります。（中略）すなわちそれは独断主義の形態、換言しますと、いろいろな命題として言い表わされた究極決定的な、完全な、そして教訓的な知の形態、をとることにおいて、しばしばこの言葉の意義を裏切っているのでありますが、哲学の本質は真理を所有することではなくて、真理を探究することなのであります。哲学とは途上にあることを意味します。哲学の問いはその答えよりもいっそう重要であり、またあらゆる答えは新しい問いとなるのであります。

真理を所有したと思った時点で思考は止まります。「真理の代弁者」は地上に災厄をもたらしてきました。

かくて哲学は生きた思想の実現であり、またこの思想への反省であります。あるいは哲学は、行為であり、この行為について語ることであります。自己自身の実験からして、はじめて私たちは、世界の中において私たちが哲学として出会うところのものを感得することができるのであります。

「日本の創意」

『折口信夫文芸論集』所収

『源氏物語』という奇跡

夜郎自大的に自国の文化を自画自賛するのは恥ずかしいし、近代そのものである明治を美化する復古主義者というのもアホくさいが、日本が世界に誇ることができるものがあるとしたら、『源氏物語』という奇跡ではないでしょうか。民俗学者、国文学者の折口信夫《おりくちしのぶ》は「日本の創意」で、その特殊性について述べます。

まず、源氏物語の主題となるものから、語りはじめよう。

源氏物語が何を書こうとしているかということが訣《わか》れば、日本小説の目的も訣り、小説成立の原因も、自《オノズカ》ら

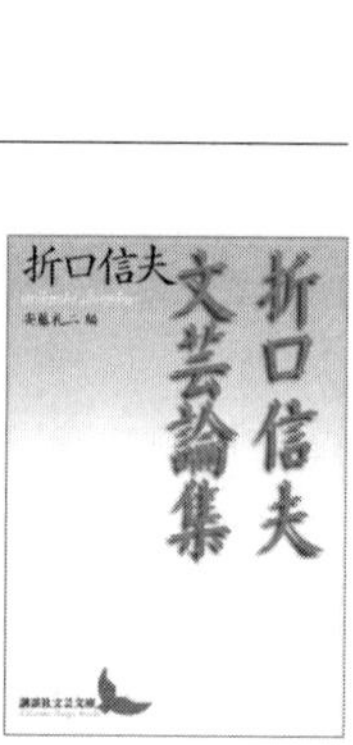

折口信夫
（一八八七〜一九五三年）
民俗学者、国文学者。柳田國男に師事し、民俗学の研究を進めた。その学問体系は「折口学」と呼ばれている。歌人としても知られ、号は釈迢空《しゃくちょうくう》。著書に『古代研究』『死者の書』など。

知れる上に、亦《また》、日本文学の上の根本問題も釈けて来そうである。
色々な説き方はあろうが、私はいきなり結論から溯《さかのぼ》る方法をとる。所謂《いわゆる》、晋唐の小説と、源氏物語との相違は、おなじ宮廷の小説であり乍《なが》ら、源氏物語は、毫も神仙や、想像上の生活を書いていぬことである。神仙物語の神仙譚たる所以《ゆえん》は、仙界と人間との交渉を主にしている点であるが、仙界の事には毫も触れぬのが、此書の特徴の一つでもあり、又日本の物語発達期の姿でもあった。

『源氏物語』の世界には生霊や怨霊《おんりょう》が登場しますが、当時はそれが病気に関係すると思われていました。

其に、不如意《ふにょい》に、他人に憑くという、不可抗力の、人間を動かす運命小説そのままである点、近代小説としても、尚ある価値を保つことが出来ると思う。

西欧において近代小説が発生したのは一五世紀後半と言われていますが、高度な心理描写が続く『源氏物語』が成立したのは一一世紀初頭です。
主人公・光源氏の最も早い時期の恋人の一人である六条御息所《ろくじょうのみやすどころ》は、その情念の深さから、生霊としてあらわれます。折口は言います。

御息所の怨霊以外にも、断片的に怨霊に関する話柄は、処々に交えられているが、皆作者が信じているのではない。社会の広さと深さとを思わせる為の環境として、その中に、人間を据えたものなのだ。神仙の存在を作者まず信じて、それとの接触を書いた物に見るような、人生観の浅さの比ではないのである。

こういう社会病を中心として、一門一族の歴史系譜を描こうとしたのが、この物語であったという風にすら見える。

反省の文学

折口は「反省の文学源氏物語」でこう述べます。

人によっては、光源氏を非常に不道徳な人間だと言うけれども、それは間違いである。人間は常に神に近づこうとして、様々な修行の過程を踏んでいるのであって、そのためにはその過程々々が、省みる毎に、あやまちと見られるのである。始めから完全な人間ならば、その生活に向上のきざみはないが、普通の人間は、過ちをした事に対して厳しく反省して、次第に立派な人格を築いて来るのである。光源氏にはいろんな失策があるけれども、常に神に近づこうとする心は失っていない。この事はよく考えて見るがよい。近代の学者は、物事を皮相的にしか考えなかった訳ではないが、教えられて来た研究法が形式倫理以上に出なかった。源氏物語を誨淫《カイイン》の書と考え、その作者紫式部《むらさきしきぶ》の死後百年程経て、式部はああ言うい、け、な、い、そらごとを書いた為に地獄へ堕ちて苦しんでいる、と言うことさえ信じられていた程である。これはその時代の人々に、小説と言うものが人生の上にどんな意義を持っているか訣らなかった為である。

現代の基準から見れば、いや当時としても光源氏は破天荒な人物として描かれています。幼女を囲い込んだり、天皇の后《きさき》を孕《はら》ませたり。折口はそこに《反省の目標》としての側面を見出します。

光源氏の一生には、深刻な失敗も幾度か有ったが、失敗が深刻であればある程、自分を深く反省して、優れた人になって行った。どんな大きな失敗にも、うち負かされて憂鬱な生活に沈んで行く様な事はない。この点は立派な人である。

こうした内的な書き方だけでは、何としても同じ時代の人の教養では、理会せられそうもないから、作者は更に、外からは源氏の反省をしめあげる様な書き方をしている。すべて平面的な描写をしているのだが、源氏の思うている心を書く時は、十分源氏側に立っているのだし、客観的なもの言いをしている時は、日本人としての古い生活の型の外に、普遍的なものがあるのだと言うことを思わせるようになっている。それは、因果応報と言う後世から平凡なと思われる仏教哲理を、具体的に実感的に織り込んで、それで起って来るいろんな事件が、源氏の心に反省を強いるのである。源氏がいけない事をする。それに対して十分後悔はしているが、それを償《つぐな》う事は出来ないで、心の底に暗いわだかまりとなって残っている。所が時経て後、それと同じ傾向の事を、源氏が他人からされることになって来る。例えば、源氏が若い頃犯した恋愛の上の過ちが、初老になる頃、その最も若い愛人の上に同じ形で起って来る。源氏は今更のように、身にしみて己の過ちを省みなければならぬのである。内からの反省と外からの刺戟と、ここに二重の贖罪が行われて来ねばならぬ訣である。この様に、何か別の力が、外から源氏に深い反省を迫っている様に感じられる書き方が、他の部分にも示されている。

編者の安藤礼二《あんどうれいじ》は、これは折口が概念化した物語の基本構造である《貴種流離譚《きしゅりゅうりたん》》を捉えたものだと言います。神のごとき尊い生まれの主人公が、ゆえあって罪を犯し、辛苦を重ねる流離の生活を続けたのちに復活する。《折口が『源氏物語』に見出した「もののけ」、神の声を聞く「王」、「王」を再生する「少女」という構造は、「王位継承」という巨大な物語に取り憑かれてしまった三島由紀夫、大江健三郎《おおえけんざぶろう》、村上春樹《むらかみはるき》といった現代日本文学の系譜にまで意識的・無意識的な影響を及ぼしている。》

作為を超えたもの

ではなぜあの時代に『源氏物語』という奇跡が発生したのでしょうか。《表現に伴うて出る力》、作為を超えたものについて折口は指摘します。

作家が小説を書く場合には、予《あらかじ》め、どう言う事を書こう、それにはどう言うてまを持って来なければならぬと心に決めてかかる訣である。

所が例えば大石内蔵介《おおいしくらのすけ》を主人公として書こうとするのに、彼が京都でどんな生活をしていたとか、討入りの前日に何をしたとか書いている小説があるとする。思いがけない解説を聞いて読者は、これが小説の本領だと思う。知性の勝った読者の殖えた時代には、そうなるのは当りまえである。だが本道は作者自身の考えで内蔵介の生活を設定して、作者の考えた型へ内蔵介を入れてしまう事になるのである。（中略）源氏物語を書くのに、作者は何を書こうとしたかと言うと、源氏が一生に行った事にあるのではない。源氏の生活の中から、作者が好みのままに選択して、こう言う生活をした人に書こうという風に、ある偏向を持った目的に源氏が生きて行っているように書かれたと思うのは、どうかと思う。源氏自身がその生活に、我々の考えるような目的を常に持ってしている訣ではない。唯人間として生きている。ところが源氏という人間の特殊な性格と運命が、源氏の生活を特殊なものにして行っている。併《しか》し、例えば実在の人物として考え、後からその生活を見ると、自ら一つのまとまりがついていて、この方向へ進もうとして居たことが考えずには居られぬ。そこに人生の筋道が通っているのである。唯作者が勝手にぷろっとを持って作った型ではなく、源氏の生活の中に備っている進路に沿って書いているのだと言える。即そこに昔の日本民族の理想の形と言うものが現れて来るのであり、日本人の生きようとする方向を、源氏という生活者を一つの例に取って、示している事になる。

『源氏物語』は、作者の意図しない意図、もっと深いものを目指していたと折口は指摘します。

学者はそれを学問的に説明しようとし、小説家はそれに沿って更に新しい小説を書こうとして来た。源氏物語の背景にしずんでいる昔の日本人の生活、更にその生活のも一つ奥に生きている信仰と道徳について、後世の我々はよく考えて見ることが、源氏を読む意味であり、広く小説を読む理由になるのである。

保守が近代的思考で裁断できないものを重視する姿勢のことであるとしたら、ヒントの多くは古典の中にあります。

『古文の読解』

古文を読みこなすためのヒント

　本は同時代の作家のものばかりではなく、古典も含めてバランスよく読んだほうがいいと思います。近代に思想が偏《かたよ》るからです。しかし、現代の日本語と昔の日本語は異なる部分が多いのでハードルがあります。『古文の読解』は、昭和三四年に刊行された受験生向けの入門書ですが、古文を読みこなすためのヒントが数多く含まれており、古典に関するコラム集としても上物です。

　たとえば、一九五九年に皇太子殿下（現在の上皇）のご成婚がありましたが、それを平安時代と同じ形で行なわれたと考えるのは間違いで、明治時代にできた新しい形式だと小西甚一《こにしじんいち》は指

小西甚一
（一九一五〜二〇〇七年）
国文学研究者。『古文研究法』『古文の読解』といった大学受験のための参考書を出版し、受験生のバイブルとなる。これらの書は単なる参考書を超えて多くの読者を獲得した。

摘します。

しかし、なかには平安時代からのしきたりも、もちろんとり入れてある。たとえば、「三日夜《みかよ》の餅《もちひ》」などがそれである。

そして『落窪物語《おちくぼものがたり》』の引用が続きます。

夜さりは三日の夜なれば、「いかにせむ。今夜《こよひ》、餅《もちひ》いかでまゐるわざもがな。」と思ふに、また言ふべき方なければ、和泉殿《いづみどの》へ文《ふみ》かく。「いと嬉しう、聞こえさせたりしものを賜はせたりしなむ、よろこび聞こえさする。またあやしとは思《おぼ》さるべけれど、今夜《こよひ》、餅《もちひ》なむ、いとあやしきさまにて用《よう》はべる。取りますべき果物《くだもの》などなむはべりぬべくは、少し賜はせよ。」

《夜さりは三日の夜》、つまり結婚が成立して第三夜に新夫婦が餅を食べることを知っていれば、落窪の姫君の侍女が必死になって手紙を書く文脈がわかってきます。

蔀《しとみ》、直衣《なおし》といった当時の人々の生活に関する言葉などについても、解説を理解しておけば、古典はかなり読みやすくなります。

たとえば、光源氏は新夫人である紫の上と契りを交わしたあと、家来の惟光《これみつ》に目立たぬように餅を持ってこさせます。当然、惟光は餅の意味をわかっています。紫の上の乳母の少納言の君も、結婚の形式を正しく踏んだ光源氏の好意に涙を流します。

感情についても今と昔の感覚は違います。『源氏物語』を読めばわかるように、そこでは男もよく泣きます。現代でしたら、男が人前で泣くことは珍しいと思いますが、光源氏は何かにつけて泣きます。

つまり『源氏物語』には、大げさに言うなら、涙の露がみちあふれているのであって、そこにこの名作のキー・ノートがあるとも考えられないわけではない。

しかし、もうひとつ考えると、これは何も『源氏物語』に限ったわけでなく、平安時代のすぐれた作品には、多かれ少なかれその傾向がある。時代ぜんたいが湿っぽいのだとも言えよう。いや、平安時代には限らない。『平家物語』だって「祇園精舎《ぎおんしょうじゃ》の鐘の声、諸行無常の響あり。」からそもそもウェットだし、能でも、いま上演される曲はおよそ二百番だが、そのなかで笑いの入っている曲は『三笑』以外にない。泣くほうはいくらでも出てくるのだが……。能においては、泣くことは品のよいしぐさだけれど、笑いは卑俗だと意識されているのであって、能に出てくる役はすべて笑いと絶縁された人たちなのである。

「もののあはれ」とは何か

「もののあはれ」という感情についての議論があります。小西はこの難問についても、本当にそれでいいのかと思うくらい簡単に答えを出します。

そもそも「あはれ」とは、ものごとにつよく感じることである。つよい感動でさえあれば、喜・怒・哀・楽、どれでもよろしい。入試にみごとパスしたときには、平安時代語で言うと、「あはれ、策問《さくもん》にこそ適《かな》ひぬれ。」であり、デートにすっぽかされたお嬢さんは、「あはれ、何《な》ぞの男《をのこ》ぞや。」と柳眉を逆立てるだろう。だから、場面に応じて「あはれ」を訳しかえなくてはいけないわけで、これは古文常識としてすでに御承知のはず。

ところが、ウェットな感じかたに価値の認められていた時代の人たちにとっては、いちばん「あはれ」らしい「あはれ」は、喜・怒・楽のどれでもなく、実に「哀」の性格をもつ「あはれ」なのであった。

その際、「ものの」の部分は関係ないと小西は言います。

「ものの」が加わっても、「あはれ」であることには変わりがない。「もののまぎれ」とか「もののはづみ」とかいっても、意味としては「まぎれ」であり「はづみ」であることに変わりがないのと同様である。「ものの」があると、何か「ものごとによって呼びおこされた」という感じが加わるだけの差だと思われる。だから、本居宣長このかた二十世紀の国文学者たちにいたるまで少なからず頭を悩ました「もののあはれ」も、正体がわかれば実はそれほど難しいわけでなく、

①一般的には「ものごとによって呼びおこされる感動」。

②平安時代および平安時代的な場面においては、「ウェットな感動」。

と覚えておけば、まずまちがいはない。

小西は『拾遺和歌集《しゅういわかしゅう》』の歌を例に出します。

春はただ花のひとへに咲くばかりもののあはれは秋ぞまされる　詠人《よみびと》しらず

つまり、「もののあはれ」は春よりも秋のほうが「しんみり」しているというわけです。

古典を読むことは歴史を学ぶこと

「幽玄」「わび」といった言葉も、時代により意味合いは変化します。だから、古典を読むのはその変遷、つまりわが国の歴史を学ぶことでもありますし、そこが面白いところでもあります。

つまり、形容詞「ゆかし」は、もともと「行かし」であって、そこへ行ってみたいという意味であった。そこへ行ってみたいのは、何かをそこで見るとか知るとかしたいからであって、「奥ゆかし」といえば、ずっと奥まで行ってみたい、奥まで見たい、奥まで知りたい——といったような意味になる。それが、しばしば使われているうち、心がひかれるとか慕わしいとかの意味にもなったわけ。

世阿弥《ぜあみ》の『花鏡《かきょう》』には次のような文章があります。

音曲・舞・働き足りぬれば、上手と申すなり。達者になければ不足なること是非なけれども、それにはよらず、上手はまた別にあるものなり。その故は、声よく舞・働き足りぬれども、名人にあらぬ為手《して》あり、声悪く二曲さのみの達者になけれども、上手の覚え天下にあるもあり。これすなはち舞・働きは態《わざ》なり、主になるものは心なり。さるほどに面白き味はひを知りて心にてするは、さのみの達者になけれども、上手の名を取るなり。しかれば真《まこと》の上手の名を得ること、舞・働きの達者にはよるべからず。この分け目を知ること、上手なり。

小西は言います。

上手・達者・名人がそれぞれ芸のうえでどんな関係にあるかを論じたものだが、これらの意味内容は、現代語と同じではない。まず「上手はまた別にあるものなり」によって、達者と上手が一致しないことは明らかである。どこが違うか。キー・ポイントは、「態《わざ》」と「心」にある。「舞・働きは態なり」とあるが、音曲（謡）も態に含めてよく、二曲がそれに当たる。二曲というのは、謡と舞との両者をさす世阿弥の用語である。世阿弥によると、能の基本は謡と舞であって、まだ年少の時は謡と舞だけを稽古させ、劇的な動作や心の持ちかたなどは、成人してから教えるのがよいといわれる。つまり、二曲を自由にこなす技術が「態」であり、その点で完成の段階に至ったのが達者である。はじめに「音曲・舞・働き足りぬれば、上手と申すなり」とあるので、いかにもそれが上手の定義であるかのような感じをあたえるけれど、そうではない。

だから、おもしろく感ずるということがどうして生まれるかの理を知り「心」で演じてゆく役者は、それほどの達者ではなくても、上手として世に認められるのである。だから、ほんとうの上手だと世に認められるのは、舞踊的方面において達者であるかどうかによるわけでないだろう。この区別を理解しているのが、上手なのである。

このような「深い」話はぼんやり古典を読んでいるだけではわかりません。兼好法師《けんこうほうし》の『徒然草《つれづれぐさ》』に登場する山上にある石清水八幡宮《いわしみずはちまんぐう》を拝まずに附属寺院や末社だけを拝んで、これで全部だと思って帰ってしまった仁和寺《にんなじ》にいた僧ではありませんが、《少しのことにも、先達はあらまほしき事なり》です。

『日本人の美意識』

日本の美しさ

エセ保守やビジネス右翼が言いたがる「日本の美しさ」がフェイクだとしても、それとは別に確固とした日本の美しさは存在するはずです。日本文学、日本文化研究者のドナルド・キーンは本書で、日本特有の美について論じています。キーンはまず、藤原公任《きんとう》を例にあげます。

平安中期の歌人で、批評家でもあった公任（九六六―一〇四一）は、歌の優秀さを九等に分け、その最高を、「ことばたへにしてあまりの心さへある也」（詞《ことば》の妙を尽して、余情のあらわれる境地）だとしている。そしてそれの

ドナルド・キーン
（一九二二～二〇一九年）

アメリカ出身の日本文学、日本文化研究者。古典文学から現代文学まで幅広く研究し、日本文化を海外に広く紹介した。著書に『日本の文学』『日本細見』『明治天皇を語る』など。東日本大震災の翌年、日本国籍取得。

説明として、次の歌をあげている。

ほのぼのと明石のうらの朝霧に
　島がくれゆく舟をしぞ思ふ

この歌の美しさは、一つには言葉の使い方、いや、音（例えば初句の「お」の音が、五句で反復される）の使い方にあるとさえ言ってよい。しかし藤原公任によると、この歌がすぐれているゆえんは、主として言葉にはない含意をほのめかす力にあるのだという。言いかえると、もし歌人によって、もっとはっきり歌の内容が特定されたならば、歌の効果は減少されたはずだと。つまり、かりに例えば、「島がくれゆく」舟に自分の愛人が乗っていること、あるいは、なんらかの理由で、歌人自身がその舟に乗っていたいという心が明示されていたら、面白くないということだ。誰でも知っている日本語の特徴の一つ、つまり普通文章の中で主語を省くことによって起こる曖昧さを、この歌も活用している。すなわちそれによって、歌のどこにも明示されていない雰囲気と情緒を暗示するために、短歌に許された三十一文字を、この歌人は、もっと豊かなものにふくらませているのだ。

あえて理由を説明せずに《暗示》の力を利用する。キーンは一二世紀の末葉頃に藤原俊成《としなり》がそれを《「幽玄」という新しい美的理想》に発展させたと指摘した上で、次のように述べます。

すべての色が薄墨色に沈んでしまった秋の終り、それとも秋の夕暮れ、一羽の黒い烏が枯枝にじっととまっている光景。これは今までに、日本の無数の詩人が愛したあの寂々とした美、また枯山水の枯淡、そして内外共に塗料を使わない日本家屋の木地の美しさなどに、すべて通じるのである。明るく、華やかな色彩を用いてもよい。だがそれではやはり、暗示力の及ぶ範囲が、どうしても狭まって来るのだ。花の姿が赤で彩られたならば、その花はもう赤以外のどんな色でもないだろう。けれども白い紙の上に、黒い墨で花の輪郭が描かれたならば、私たちはその花に、どのような色を想像してもよいのである。

芭蕉《ばしょう》は《霧しぐれ富士をみぬ日ぞ面白き》と詠《うた》いました。

こういうふうに述べて来ると、おそらく必然的に連想されるのは、禅の美学であろう。事実、最も典型的に日本的だと思われている日本の美意識は、その多くが禅から派生したものなのだ。いや、もっと正確に言うならば、禅の美学と符合するのだ。建物も境内《けいだい》も、すべて飾りのない簡素な線で縁取られた神社建築の単純性、あれはおそらく、たまたま禅の理想と符合した日本土着の美的嗜好の表現にちがいない。そしてそれがあったからこそ、大陸から渡来した宗教の持つ、もっと洗練された美学を、無理なく受け入れることが出来たのである。また日本人は、やはり単色を愛した中国宋代の画家や詩人の美意識を嬉々として受け入れた。しかし美学的技法としての暗示の原理は、外国人に学ぶ必要は全くなかったのだ。

近隣諸国と関連づけて自国を誇るとしたらこういうところです。そしてそれが完全な形で表現されたのが能楽です。

装飾とは無縁の舞台、単純きわまる輪郭があるだけで、殆《ほとん》ど小道具を使わないこと、劇の進行にあっては、時間と空間に関する一切の顧慮を無視すること、普通に聴いていて不鮮明な科白回しと、科白とは殆ど無関係とも見える抽象的な身振り――これらのものすべてが、外国のもっと写実的な演劇（そして日本の歌舞伎）などと、この演劇を区別している。そしてそのおかげで、能とは、その性格が受け取る人によってそれぞれちがうような、リアリティーのもっと奥深くにかくされている真理や経験を暗示する、外面的な、そして美しい形《フォーム》の表現を目的とする演劇だ、ということが明らかになる。

キーンは日本人は昔から均斉《きんせい》や規則正しさを避ける傾向があったと指摘します。それは暗示の力を阻害し、限定することを恐れたからではないかと。それは文学にも建築にもあらわれます。

石の配置のすばらしい不規則性は、どんな敏感な観察者の分析能力をもってしても、説明が出来ない。「本の表紙の上にこぼした数個のインクの斑点」などという、非芸術的なものとは似ても似つかぬ竜安寺《りようあんじ》の庭は、これも一個の哲学的――すなわち禅の――産物なのだ。この点それは、宗旨こそ違っても、その真剣さにおいて、あのシスティンの天井画に霊感を与えたものと別物ではない。そしてまた、こういうことも言えるだろう。つまり、西洋人の一観察者ですら、竜安寺石庭の十五個の石を日々観照することによって、システィン礼拝堂の天井画を観照することからよりも、はるかに大きな喜びを得るのではなかろうか。しかも、「人間がこれまであったところのもの、そして営々と築き上げて来たもののすべてをくつがえし、放り出してしまうこと」なしにである。システィン礼拝堂は、まことに壮麗きわまりない。しかしそれが私たちに要求するのは、ひたすら賞讃であり、参加ではないのだ。竜安寺の庭石は、形はいびつ、位置は不規則だが、この庭の創造に私たちの参加を許すことによって、私たちをもっと感動させるかもしれない。

振り返るべき日本の歴史

希望する効果のためには、一番無駄のない手段を用いるというやり方は、禅哲学の産物だが、これは竜安寺石庭の持つ、もう一つの性格である。同じ哲学は、他にも多くの禅寺の造庭に用いられている。例えば天竜寺《てんりゅうじ》の枯山水、また西芳寺《さいほうじ》——通称苔寺——の緑苔の間を転げ落ちる水無しの滝など。しかし庭造りに用いられるこの簡潔さへの嗜好は、必ずしも禅寺の庭だけには限られていない。小さな池に渡す橋や、水盤に自然石を使うのは、人の手が加わっていない自然のままの石の肌理を愛する心から出ているのだろう。また人の気を散らし、小うるさいものだとして、庭に花を植えることさえ軽蔑するのは、抽象的な庭の持つ、なにもない裸の骨組みのみで良しとする気持が、その底にあるからだろう。生垣のような、それこそ取ってつけたような魅力や、「色の大安売」のような花壇などは、全く無用というわけだ。簡潔さと、自然の素材を生かすことを初めて強調したのは、おそらく禅僧たちであったにちがいない。しかしそれは、今や日本人の共通の理想になっている。

その理想が極端にあらわれたのが茶であるとキーンは言います。千利休《せんのりきゅう》が追求した「さび」は、主君である豊臣秀吉《とよとみひでよし》の《いわば成上り者的豪奢さ》への反動として出てきたものであると。

利休の「さび」は、資力乏しいがゆえにそうせざるを得なかった人間の簡素とは、わけがちがっていた。そうではなく、簡単に得られる贅沢を拒否する心、黄金色に輝く新しい茶釜よりは、物寂びた小屋を賞《め》でる心に、それは通じていた。といってこれは、羊飼女の真似事をしていたフランスの王妃マリー・アントワネットともちがっていた。事実それは、もともと日本人に具わっていた普通の意味の単純を愛する心に戻ったことであって、絶対に気取りではなかった。「さび」が受け入れられたのは、日本人の心の奥底にあった美的信念と、それがたまたま一致したからだったのだ。

保守が数値化・合理化・均等化の暴力を警戒する姿勢のことであるとするなら、振り返るべき日本の歴史はここにあります。

おわりに　古人の言葉に含まれているもの

ここまでお読みになった方は、偉大な先人がそれぞれ使い慣れた「道具」を使いながら、同じ場所、すなわち近代の根幹に切り込もうとしたことがおわかりになると思います。ドイツの哲学者アルトゥール・ショーペンハウエルはこう言いました。私が言いたいことでもあるので、そのまま引用します。

最近の発言でありさえすれば、常により正しく、後から書かれたものならば、いかなるものでも前に書かれたものを改善しており、いかなる変更も必ず進歩であると信ずることほど大きな誤りはない。思索的頭脳の持ち主、正しい判断の持ち主、真剣に事柄を問題にする人々、すべてこの種の人々は例外にすぎないのであって、うごめく虫類こそ、いわば世間をひろく支配する法則となっている。このような連中となると、例外的な人々が熟慮の結果試みた発言をいつも素早く敏捷《びんしょう》に改善しようとして、かってに改悪する。だから一つの問題を研究するつもりならば、それを論じた新刊書にいち早く手をつけるのは控えるべきである。いったい、学問が常に進歩すると信じたり、新しい書物には古い書物が利用されていると思い込んだりするのは、非常に危険である。なるほど新しい書物は古い書物を利用する。だがその利用が問題である。新刊書の著者は古人をあまりよく理解していないことが多く、しかもそれでいて古人の言葉をそのまま用いずに改悪的改善を企てて、彼自身ではとうてい思いつきそうもない古人の言葉、つまり自分の、生きた具体的知識をもとにして記した古人の明言、卓説をそこなってしまう。だがそれだけではない。古人が発見した最善のもの、すなわち適切きわまりない説明や絶妙な意見も、新しい著者はさらに捨ててまったく省みない始末である。彼にはその価値がわからず、その含蓄の深さが理解できないのである。(「著作と文体」)


優れたものは改変せずにそのまま引用すればいいのです。

そして、つべこべ言わずに古典を読むことが大切です。

そこにあるのは単なる「情報」ではありません。重要なのは過去の偉人の文体、フォーム、間合い、テンポ、息遣いです。

それを損ねないことを主眼において、本書では古人の言葉を《そのまま用い》ました。

適菜 収

引用文献

第一章

『政治における合理主義』（マイケル・オークショット、嶋津格ほか訳、勁草書房）
『フランス革命についての省察ほかⅠ』（バーク、水田洋・水田珠枝訳、中央公論新社）
『保守主義的思考』（カール・マンハイム、森博訳、筑摩書房）
『保守とは何か』（福田恆存、文藝春秋）
『保守とはなにか』（江藤淳、文藝春秋）
『反啓蒙思想』（バーリン、松本礼二編、岩波書店）

第二章

『偶像の黄昏』（ニーチェ、原佑訳、筑摩書房）
『権力への意志』（ニーチェ、原佑訳、筑摩書房）
『ゲーテとの対話』（エッカーマン、山下肇訳、岩波書店）
『人間的、あまりに人間的』（ニーチェ、池尾健一訳、筑摩書房）
『生成の無垢』（ニーチェ、原佑・吉沢伝三郎訳、筑摩書房）
『暗黙知の次元』（マイケル・ポランニー、高橋勇夫訳、筑摩書房）
『小林秀雄全集』（小林秀雄、新潮社）
『私の個人主義』（夏目漱石、講談社）
『日本人の人生観』（山本七平、講談社）
『近代性の構造』（今村仁司、講談社）

第三章

『大衆の反逆』（オルテガ・イ・ガセット、神吉敬三訳、筑摩書房）
『群衆心理』（ギュスターヴ・ル・ボン、桜井成夫訳、講談社）
『世論と群集』（ガブリエル・タルド、稲葉三千男訳、未來社）
『世論』（W・リップマン、掛川トミ子訳、岩波書店）
『現代の批判』（キルケゴール、桝田啓三郎訳、中央公論新社）
『知識人の生態』（西部邁、ＰＨＰ研究所）
『知識人とは何か』（エドワード・W・サイード、大橋洋一訳、平凡社）
『エピクロス 教説と手紙』（エピクロス、出隆・岩崎允胤訳、岩波書店）
『反キリスト者』（ニーチェ、原佑訳、筑摩書房）

第四章

『法の精神』（モンテスキュー、井上堯裕訳、中央公論新社）

『アメリカのデモクラシー』（トクヴィル、松本礼二訳、岩波書店）

『大衆運動』（エリック・ホッファー、中山元訳、紀伊國屋書店）

『自由からの逃走』（エーリッヒ・フロム、日高六郎訳、東京創元社）

『フランクフルト学派』（細見和之、中央公論新社）

『マクドナルド化する社会』（ジョージ・リッツア、正岡寛司監訳、早稲田大学出版部）

『一九八四年』（ジョージ・オーウェル、高橋和久訳、早川書房）

『責任と判断』（ハンナ・アレント、中山元訳、筑摩書房）

『市場・知識・自由』（F・A・ハイエク、田中真晴・田中秀夫編訳、ミネルヴァ書房）

第五章

『民族とナショナリズム』（アーネスト・ゲルナー、加藤節監訳、岩波書店）

『定本 想像の共同体』（ベネディクト・アンダーソン、白石隆・白石さや訳、書籍工房早山）

『ナショナリズムとは何か』（アントニー・D・スミス、庄司信訳、筑摩書房）

『決定版 三島由紀夫全集』（三島由紀夫、新潮社）

『ホモ・ルーデンス』（ホイジンガ、高橋英夫訳、中央公論新社）

第六章

『歴史とは何か』（E・H・カー、清水幾太郎訳、岩波書店）

『哲学入門』（ヤスパース、草薙正夫訳、新潮社）

『折口信夫文芸論集』（折口信夫、講談社）

『古文の読解』（小西甚一、筑摩書房）

『日本人の美意識』（ドナルド・キーン、金関寿夫訳、中央公論新社）

おわりに

『読書について 他二篇』（ショウペンハウエル、斎藤忍随訳、岩波書店）

適菜収
てきな・おさむ

1975年、山梨県生まれ。作家。ニーチェの代表作『アンチクリスト』を現代語訳した『キリスト教は邪教です！』『小林秀雄の警告　近代はなぜ暴走したのか？』『日本をダメにしたB層の研究』（以上、講談社）、『日本人は豚になる　三島由紀夫の予言』『日本をダメにした新B層の研究』（以上、ベストセラーズ）ほか、祥伝社新書に『100冊の自己啓発書より「徒然草」を読め！』『ニッポンを蝕む全体主義』『安倍晋三の正体』『自民党の大罪』など著書は50冊以上。

「保守思想」大全《ほしゅしそうたいぜん》
名著《めいちょ》に学《まな》ぶ本質《ほんしつ》

令和7年2月10日　初版第1刷発行

著　　者　適菜《てきな》 収《おさむ》
発 行 者　辻《つじ》 浩明《ひろあき》
発 行 所　祥伝社《しょうでんしゃ》
〒101-8701
東京都千代田区神田神保町3-3
☎03（3265）2081（販売）
☎03（3265）1084（編集）
☎03（3265）3622（製作）
印　　刷　萩原印刷
製　　本　積信堂

ISBN978-4-396-61832-2　C0030

祥伝社のホームページ　www.shodensha.co.jp